Hijos en Libertad

Colección
LIBERTAD Y CAMBIO

1. A.S. NEILL.
   Hijos en Libertad
2. DON GOLD.
   Carta a mi hija adolescente
3. BARTOLOMEO VANZETTI.
   Cartas desde la prisión
4. MARTIN GRAY.
   El libro de la vida
5. DOROTHY CORKILLE BRIGGS.
   El niño feliz
6. NAT LEHRMAN.
   Las técnicas sexuales de Masters y Johnson
7. AUTORES VARIOS.
   La liberación de la mujer año cero
8. NICOLLE DALLAYRAC
   Los juegos sexuales de los niños.

Prólogo a la primera edición española de
Marta Mata i Garriga

Prólogo a la primera edición de
Arminda Aberastury

A.S. Neill
Hijos en Libertad

Título original en inglés:
Freedom - Not license!
Hart Publishing Co., Inc.

Traducción y asesoramiento:
Eduardo Goligorsky
Cubierta: Carlos Rolando y
Asociados

1.ª Edición, diciembre 1976, Barcelona.

Muntaner 460, 1.º 2.ª
☎2125782/2119211
Barcelona / España

ISBN 84-400-2135-6
ISBN 84-400-2133-X (Colección)
Depósito Legal: B. 51.924-1976

I.G. Manuel Pareja
Montaña, 16 / Barcelona (13)

Impreso en España
Printed in Spain

INDICE

PROLOGO A LA EDICION ESPAÑOLA

El libro que tenemos en las manos es un extraordinario modelo de literatura de consultorio, realizado en circunstancias extraordinarias y por un hombre extraordinario, A. S. Neill, el juglar de la libertad del niño. Como buen juglar, Neill no se había limitado a cantar esta libertad en sendos textos, sino que la había jugado realmente toda una vida profesional en su escuela de Summerhill.

Puntualicemos que se trata de un juglar inglés, es decir, que ha crecido en uno de los países con tradiciones más encarnadas en instituciones, con una potente escuela tradicional, fabricando ingleses orgullosos de serlo. Pero también capaces de alimentar en contrapartida una veta humana de radicalismo crítico que ha podido producir poetas como los metafísicos, políticos como Cobbet, pensadores como Orwell, e, incluso en el campo de la educación, mantener al lado de la escuela más disciplinada y puritana, la poesía popular del "non sense" y la literatura de Carroll.

A. S. Neill es una de las grandes figuras del radicalismo inglés que, en una sociedad con escuelas de categorías y azotes numerados rigurosamente, se atrevió a prescindir de todo ello y a contarlo. Vale la pena remarcar en su honor, que la vieja Inglaterra que ha permitido que su radicalismo exista, sea conocido e incluso llegue a influir el conjunto de ciertos casos.

En este caso la obra de Neill fue transportada rápidamente por la misma lengua a un país de coyuntura educativa totalmente distinta como Norteamérica, y concretamente la Norteamérica de la posguerra. Su escuela, diseñada al socaire de las aspiraciones democráticas de John Dewey, sufre los tremendos bandazos de moral pública que fueron la caza de brujas del macartismo, el terror pos-sputnik, la humillación cubana, la crueldad y el fracaso en el Vietnam; una serie de bandazos que han relegado la estatua de la libertad de los sellos conmemorativos a los chistes de los semanarios. La libertad ya no es algo que pueda reclamarse como definición del país ni, en consecuencia, de su escuela, pero es algo que continúa siendo querido, enfermizamente querido, por el ciudadano medio norteamericano... por lo menos para sus hijos. Y he aquí que lee "Summerhill", un canto a la libertad, y he aquí que vuelca sobre su cantor todo el caudal de incertidumbres, deseos, nostalgias y temores que despierta la palabra mágica: libertad.

Jugar a la libertad del niño no es cómodo para los padres norteamericanos ni para Neill, que lo ha hecho toda una vida y esto le induce a una reacción de responsabilidad que es en definitiva este libro: "Freedom... ¡Not licence¡" lo titula; el juglar se convierte en cauto apologeta y utiliza el comedido apólogo para puntualizar su idea de libertad, como un producto no de la anarquía —según interpreta el traductor francés de la obra— sino como un producto de la relación interpersonal con sus cualidades y límites definidos por esta relación.

Cuando pensamos en la utilidad que puede tener para nosotros el conocimiento de este diálogo anglosajón, es necesario distinguir niveles. Ya de entrada la actual distribución y atribución de slogans ideológicos entre nosotros, no ha permitido traducir literalmente el título inglés; aquí se encuentra también en las portadas de las revistas de humor hoscopolítico puesto que en la vida pública se utiliza con la semántica totalmente invertida.

Pero Neill tiene en nuestros sectores más radicales y críticos un diálogo abierto, puesto que la tradición pedagógica subterránea —desde la "Institución Libre (!) de la Enseñanza hasta la Renovació Pedagógica de Catalunya— ha valorado de una manera especial dentro de la concepción de la actividad del niño, la formación de su libertad como culminación del autodominio de esta actividad para la creatividad, y a través de un tácito convenio con el maestro.

Esta tradición pedagógica está empeñada en la actualidad no solamente en la metodología de la actividad educativa en la clase y la correspondiente formación del maestro, sino que se preocupa por la definición de unos programas escolares adaptados y adaptables a la posible actividad de cualquier niño, por la existencia de escuela para todos los niños y para todos los maestros; en definitiva se preocupa por un sistema educativo en múltiples aspectos que el índice de este libro no toca. ¿Acaso por ello puede interesarnos menos?

La respuesta depende de la sensibilidad con que se aborde la vasta problemática del sistema educativo. Si el bosque no nos impide ver y amar los árboles, es decir, las escuelas y dentro de ellas los niños, si no se pierde de vista que la lucha por un sistema educativo es en definitiva también la lucha por la felicidad y la libertad de la generación que crece, pensar en la libertad resulta una manera eficaz de afilar las armas, como eficaz es también la lucha, para afilar conceptos como el de libertad. Esta lucha que quizás añadirá a la visión de Neill el sentido de una libertad construida con los demás y ganada con los demás y para los demás. Este regalo quisiéramos ofrecer a nuestros niños.

Este regalo para conseguir el cual, la lectura del presente libro puede ayudar a romper esquemas y a recomponerlos en una íntima libertad de pensamiento y de comunicación entre educadores, padres y maestros.

Algún día alguien romperá el pudor que a pesar de su juglaría tuvo Neill y tienen nuestros luchadores educadores, y nos hablará sin apólogos ni escondites bajo la prosa del panfleto, del hombre nuevo por el que se lucha ya en la escuela educando en la libertad.

Barcelona Marta Mata i Garriga
Noviembre, 1976

PROLOGO A LA PRIMERA EDICION

Dijo un filósofo que un acto libre debería desprenderse del ser humano como un fruto maduro cae de un árbol. La sabiduría de respetar la maduración y el desarrollo es fundamental en la educación, y permite establecer los límites de la libertad útil.

Detener un acto que se desprende naturalmente de un momento de la evolución es tan pernicioso como acelerarlo. La libertad de palabra o acción de un niño o de un adolescente resulta del equilibrio entre permisos y prohibiciones, de acuerdo con su edad, sus posibilidades, los valores de sus padres y los de la sociedad en la que vive.

Con frecuencia, los padres y los educadores se preguntan cuál es el grado de libertad que deben otorgar a los chicos. La tendencia general es dar mayor libertad a los niños pequeños y restringírsela a los adultos, con lo cual se obstaculiza el impulso al crecimiento. Una norma esencial es que la libertad concedida a los niños no interfiera en los derechos del adulto. La libertad excesiva o indiscriminada es licencia, y no beneficia a quien la recibe ni a quien la otorga.

La libertad de hablar y expresar lo que se siente, por ejemplo, ilustra sobre el clima en que evoluciona una familia o un país. Hablar para comunicarse y trasformarse es un derecho básico, pero no debe permitirse que el niño o el adolescente lo ejerzan en forma absoluta, reduciendo al adulto al papel de mero espectador. Tal conducta no sería vivida como libertad sino como igencia, como obligación de decir siempre cosas tan inteligente que justifiquen la renuncia que el adulto se impone.

La exposición de estos y otros interesantes temas no se desarrolla en el libro de A. S. Neill en forma teórica, sino mediante ejemplos de los que luego podrá extraerse una teoría de la libertad en la educación. La mayoría de sus conceptos educativos pueden aplicarse a todo niño o adolescente de hoy, en cualquier país. Es cierto que el destino de un niño norteamericano puede estar marcado directamente por la guerra de Vietnam, la discriminación racial o la bomba atómica, pero estos temas conciernen a toda la humanidad, y para cualquier niño del mundo es importante estar bien informado sobre los problemas de su época. Hoy se acepta casi sin discusión, y está bien expuesto en este libro, que el niño necesita, de acuerdo con sus intereses y su edad, aclaraciones sobre los problemas relacionados con la sexualidad. También debe tomarse conciencia de que necesita esclarecimiento acerca de todo lo que acontece en el mundo: el significado del hambre, la guerra, la utilización de armas atómicas, la criminalidad, el racismo.

La televisión ofrece al niño de cualquier edad un monto de información que él no siempre está en condiciones de asimilar. Hablarle y esclarecerlo sobre estos temas es una obligación de padres y maestros. De otro modo su mente quedará poblada de imágenes terroríficas o idealizadas que lo confundirán.

Algunos temas del libro, como el de la religión, responden con exceso a la problemática del autor o a la del país al que originalmente estuvo dedicado este trabajo. Esto hace que el lector de habla hispana deba tomar con cautela sus conclusiones, que por momentos son ingenuas, algo *arbitrarias, con un matiz moralista. También los problemas de discriminación racial que menciona son emergentes de una situación que nos es conocida y de la que conviene estar advertidos.*

Quiero aclarar en este prólogo que las interpretaciones sobre las guerras o el pacifismo que Neill atribuye al psicoanálisis, no podrían ser firmadas por ningún psicoanalista de hoy.

Para resumir sus postulados educacionales diríamos que no confía en el adoctrinamiento sino en el ejemplo. La ideología surge en el niño como consecuencia natural de lo que son sus padres y su ambiente. Al referirse al problema racial dice que los niños blancos destilan contra los negros un odio inyectado desde la cuna.

La misión de la enseñanza, sostiene, es estimular el pensamiento, pero no inculcar teorías. Cuando los maestros son agresivos, los alumnos lo son. Cuando los padres son violentos, despiertan la violencia en sus hijos.

Lo más atrayente del libro es su nivel de divulgación. A través de los casos no sugiere nunca una solución definitiva, sino que fuerza a pensar sobre todo en los efectos de la moral doble del adulto, la que inculca al niño y la que practica.

Señala con razón que la educación está cada vez más desprovista de creatividad e interés, y que la indulgencia o la libertad exageradas alejan de la realidad y no fomentan el desarrollo de un sentimiento de lo que es justicia. No debe temerse pronunciar un "NO" siempre que sea necesario, aunque lleve más tiempo y esfuerzo que el "SI" indiscriminado.

El libro no tiene en ningún momento el carácter de una guía de consejos. Su virtud es mostrar pantallazos de la vida cotidiana, de los problemas que ocupan al padre o a la madre, sin ser jamás un tribunal en el que se enjuicia al hijo o a los padres. Busca entender siempre la interrelación entre el hijo, la familia y la sociedad.

El autor sostiene que es posible que a través de experiencias constantes y no contradictorias, el niño vaya adquiriendo la posibilidad de regular un autocontrol, sin necesitar límites externos establecidos por el adulto.

Buenos Aires
Diciembre, 1970

ARMINDA ABERASTURY

Trazó un círculo que me dejó fuera:
hereje, rebelde, despreciable.
Pero el Amor y yo vencimos con ingenio:
¡trazamos un círculo que lo encerró en su seno!

EDWIN MARKHAM

EL TEMA DE ESTE LIBRO

¿Cómo se distingue la libertad de la licencia?

Mi editor norteamericano me implora que escriba un libro para explicar estos términos, y me dice: "Debe hacerlo, porque muchos padres norteamericanos que leyeron su *Summerhill* se sienten culpables por la severidad con que trataron a sus hijos y les dicen que a partir de ahora son libres. Generalmente el resultado es un chiquilín consentido, porque los padres no saben ni remotamente lo que es la libertad. No entienden que la libertad es una toma y daca: *libertad para los padres* así como para el niño. A mi juicio, por libertad no se entiende que el niño pueda hacer todo lo que se le ocurra ni tener todo lo que desee."

Sí, en términos simples este es el meollo de la cuestión. La libertad exagerada se convierte en licencia.

Yo defino la licencia como algo que trasgrede la libertad ajena. Por ejemplo, en mi escuela el niño disfruta de libertad para concurrir a las clases o dejar de hacerlo, porque eso es cosa suya, pero no está autorizado a tocar la trompeta cuando otros desean estudiar o dormir.

Durante mi estada en Estados Unidos visité a algunos médicos y profesores. A veces, cuando llegaba a la casa, la esposa y los hijos estaban en el cuarto. Los niños se quedaban y monopolizaban la conversación.

Hoy, cuando un huésped norteamericano vino a visitarme a "Summerhill", había tres niños en mi estudio.

"Bueno, chicos —les dije—, háganse humo. Quiero conversar con este señor." Y se fueron sin chistar.

Naturalmente, el principio se habría aplicado a la inversa. Mis alumnos me dicen muchas veces que levante campamento cuando quieren quedarse a solas... por ejemplo para ensayar una obra de teatro.

Todos los niños son egoístas: "¡Yo primero!" Los padres deben apreciar y aceptar esta etapa en su justo valor. Al mismo tiempo, deben negarle al chico el derecho exagerado a hacer su santa voluntad.

La respuesta adecuada es: *"Sí, Bobby, puedes usar las herramientas de mi auto para arreglar tu bicicleta, pero tendrás que volver a guardarlas en el baúl del coche cuando hayas terminado con ellas."* Semejante respuesta puede sonar a disciplina, e incluso es posible que implique disciplina, pero para mí se trata del simple toma y daca de la vida.

¿Cómo es posible que los niños aprendan a autocontrolarse si nunca les impedimos que hagan lo que quieren? He aquí una pregunta que me formulan a menudo.

¿Pero quién aconsejó alguna vez que se autorice a los niños a hacer todo lo que quieran? Sin duda no fui yo. El chico puede decidir lo que *no* desea hacer. Por ejemplo, estudiar latín. Pero no goza de libertad para jugar a los vigilantes y el ladrón dentro del auto del padre.

¿Cuál es la auténtica definición del autocontrol? ¿Se trata simplemente de comportarse con decoro, como cuando uno se traga las blasfemias mientras juega al golf con un pastor bautista? No, a mi juicio el autocontrol implica *la capacidad para pensar en los demás,* para respetar el derecho de los demás.

El hombre autocontrolado no se sienta a la mesa con

otros comensales y se sirve la mitad del contenido de la ensaladera.

La anécdota cuenta que Frank Harris se jactó en una oportunidad de haber cenado en las mejores casas de Londres. "Sí, Frank —le respondió Oscar Wilde—. ¡Una sola vez!"

En mi libro *Summerhill* señalé que "Lo que muchos padres no entienden es la diferencia entre libertad y licencia. En el hogar donde impera la disciplina, los niños *no* gozan de derechos. En el hogar donde se lo consiente, el niño tiene *todos* los derechos. El hogar bien organizado es aquel en que los niños y los adultos disfrutan de *iguales* derechos."

Desde que *Summerhill* se publicó en 1960, he recibido centenares de cartas de padres e hijos de todo el mundo. La mayoría de ellas provino de Estados Unidos. En términos generales, los interrogantes giran en torno de los principios fundamentales de la libertad en el hogar. Este libro contiene extractos de algunas de dichas cartas y los pasajes salientes de mis respuestas.

El lector descubrirá que ya no tengo que agregar nada dramáticamente nuevo. En mi libro *Summerhill: A Radical Approach to Child Reading,* enuncié todos los principios sobre los que se asienta la escuela "Summerhill", todos los puntos fundamentales de los métodos que empleo en mi relación con los niños. Lo que encontrará aquí es una prolongación de esa filosofía: la aplicación de los principios de "Summerhill" a las situaciones específicas que se presentan constantemente en los hogares.

LIBERTAD... ¡NO LICENCIA!

Hace poco tiempo que soy madre, y a mi esposo y a mí nos gustaría criar a nuestro hijo en una atmósfera de libertad. Pero cuando discutimos este problema, no logramos determinar con certeza dónde termina la libertad y dónde empieza la indulgencia excesiva, ni tampoco cuál es el momento en que debemos intervenir por una razón de seguridad. Por ejemplo, ¿debemos fijar normas de aseo y respeto a la propiedad?

La seguridad es esencial. Deben proteger a su hijo. Deben cuidar que no juegue en calles transitadas ni se zambulla en aguas profundas. En estas cuestiones basta con el sentido común.

Pero cuando lo que está sobre el tapete no es la seguridad, es más difícil contestar la pregunta. Tomemos el aseo. Toda madre sabe que debe lavar los pañales, que debe bañar a la criatura, que debe proporcionarle buenos alimentos. Pero el aseo no debe convertirse en un fetiche, porque si lo hiciera acarrearía complejos. Exageramos sobremanera su importancia. Cuando era niño, conocí a tres campesinos que, de ello estoy seguro, jamás en su vida se habían bañado. Todos pasaron los 90 años. A demasiados niños se los lava en exceso por temor a que los vecinos vean una cara sucia.

Pero el hecho es que a casi todos los niños les gusta tomar un baño caliente. He observado que sólo se niegan a bañarse aquellos en quienes se ha provocado una actitud de rebeldía.

¿Hasta qué punto una madre joven debe intervenir en defensa de la propiedad? Todo niño debe aprender las leyes de lo mío y lo tuyo. Si se lo educa correctamente no habrá muchas dificultades en este contexto. Puedo decirle a un niño de cinco años: "Sal de mi coche, es mío", sin obtener una reacción hostil. Hasta el más pequeño de mis alumnos sabe que no puede introducirse en mi jardín y llevarse la carretilla o el rastrillo. Los niños aceptan en seguida estas reglas, con la condición de que la costumbre de tocar o tomar cosas no se convierta en un factor desencadenante de sermones o enojos.

Es imposible fijar leyes sobre la libertad y la licencia: cada padre debe juzgar individualmente por dónde pasa la línea divisoria. A menudo debemos decirle que no a una criatura, aunque seamos firmes partidarios de la libertad. Las casas han sido hechas por los adultos, y los niños tienen mil dificultades para acomodarse a ellas. *"¡No toques ese jarrón!" "No le tires la cola al gato." "No rayes el piano de cola con ese clavo."* Desde el punto de vista de un niño de tres años, el piano, con su enchapado lustroso, es un magnífico pizarrón sobre el que se puede escribir con tiza o un lindo muro en el que se pueden hincar clavos... ni más ni menos. Lo difícil es encontrar la forma de conservar lo que valoramos en las cosas, dejando al mismo tiempo que el niño se desarrolle en su debido tiempo y lugar. Evidentemente, los padres que jamás dicen "no", están criando a un niño consentido que no estará en condiciones de enfrentar la realidad posterior. Semejante niño se criará con la idea de que el mundo debe suministrarle todo lo que desea.

Cuando se llega a la contraposición entre libertad y

licencia, no podemos consultar ninguna Biblia, ninguna enciclopedia, ninguna autoridad definitiva. A cada padre le cabe la responsabilidad de usar la cabeza. Lo único que podemos postular es que nunca se debe asustar al niño, ni se le deben inculcar sentimientos de culpa.

Es mucho lo que depende de su personalidad, señora. Si usted es una mujer razonablemente serena, si mantiene una sana relación sentimental con su esposo, si está suficientemente alejada, ya sea en el plano geográfico o físico, de parientes entrometidos, tendrá la oportunidad, una *buena* oportunidad, de criar a un niño lo menos neurótico posible. Las decisiones que deberá tomar diariamente acerca de los momentos en que corresponde decir "sí" y los momentos en que corresponde decir "no", estarán libradas a su criterio.

Cuando mi Johnny vuelve de la escuela invade la sala con sus compañeritos. Yo protesto porque alborotan todo. De vez en cuando dejan cáscaras de maní sobre la alfombra. Tampoco son muy considerados con los muebles. Soy una decidida partidaria de que Johnny tenga amigos y me encantan sus compañeros, pero me gustaría arrear a esa pandilla hasta el cuarto de Johnny. Este protesta y dice que su habitación es demasiado chica para seis muchachitos. Arguye que esta también es su casa y que debemos permitir que sus amigos ocupen el salón principal y disfruten de él. ¿Se trata de un problema de libertad o de licencia? Johnny tiene 14 años.

Me parece que se trata de lo segundo. La libertad consiste en hacer lo que se desea siempre que no se trasgreda la libertad de los demás. Johnny está trasgrediendo la libertad de usted.

Lo cierto es que los niños no deben estar en el mismo recinto que los adultos. Nuestros anaqueles, nuestros ornamentos, nuestros relojes de pared no significan nada para ellos. Pero ay, sólo los ricos pueden suministrarles a los niños habitaciones especialmente diseñadas para ellos. El cuarto de los niños debería construirlo el herrero del pueblo. Naturalmente, en la práctica los niños ocupan los ambientes que los adultos emplean con fines adultos, y lo cierto es que a veces los adultos necesitan silencio y una decoración estética.

En "Summerhill" no permitimos que los chicos entren en la sala de profesores y siembren el piso con maníes y envoltorios de goma de mascar. Cuando invitamos a los niños a ver televisión en la sala de mi esposa, les pedimos que se porten correctamente.

Yo le diría a Johnny: "Escucha, hijo mío, puedes traer a tus amigos cuantas veces quieras, pero si nos aturden a todos con sus ruidos y arrojan cosas al piso, vuelan."

Nadie debe dominar el hogar. Allí todos tienen iguales derechos a la comodidad, la tranquilidad y el silencio. Permitir que un niño consiga todo lo que quiera equivale a convertirlo en un joven tirano.

Mi hijo de 8 años interrumpe constantemente mis conversaciones con mi esposa. No queremos acorralarlo y ahogar su personalidad. ¿Qué podemos hacer al respecto?

Es difícil contestar cuando no sé qué clase de padres son ustedes. Lo más probable es que le hayan acordado a su hijo más licencia que libertad, y que ahora estén cosechando tempestades. Quizá su cháchara constante es producto de las preguntas acumuladas que ustedes no contestaron anteriormente. ¡O quizás es simplemente un charlatán nato!

No sé qué relación existe entre usted y su hijo. Es posible que lo interrumpa porque quiere irritarlo. O porque su Edipo le hace sentir deseos de distanciar al padre de la madre. ¿Cómo se puede analizar una situación sin verla?

Lo que digo en general a los padres es lo siguiente: No permitan que su hijo los domine, si ustedes no lo dominan a él. No dejen que los interrumpa, si ustedes no lo interrumpen a él. Cuando se convierte al niño en una especie de estatua montada sobre un pedestal, se lo perjudica.

Actualmente muchos padres abrigan la idea de que cuando se coarta al niño se lo convierte en un tarado o en un Al Capone. ¡Pamplinas! Los padres deben decir "no" cuando el "no" es necesario. No deben permitir que su hijo los intimide.

Yo estaba conversando con un hombre de negocios norteamericano. Su hijo de 13 años se aburría con nuestra plática. Pegó un respingo, nos interrumpió y gritó: "Papá, dame la llave del auto. Voy a dar un paseo." "Muy bien, hijo", respondió el padre, y le entregó al chico la llave de su Cadillac nuevo. A mi juicio ese fue un simple caso de necedad y licencia... para no hablar de lo criminal que es poner en manos de un chiquilín una máquina mortífera.

Nunca me canso de repetir estas palabras: "La libertad debe ser válida para ambas partes." El niño debe gozar de libertad para hablar sin que lo interrumpan, y el padre debe gozar de libertad para hablar sin que lo interrumpan. El niño debe poder resistirse a que el padre se entrometa en su vida personal y sus cosas personales, y el padre debe tener derecho a negarle a su hijo su Cadillac, o sus palos de golf, o su corbata, o la paz de su cuarto de trabajo, o la interrupción de su siesta.

Mi hijo tiene 4 años. Berrea y grita y hace un ruido espantoso. ¿Ha llegado a una edad en la que puedo enseñarle que debe respetar los derechos ajenos?

Sí, dígale que se calle, pero no aderece la orden con argumentos morales. El empleo de sermones es equivocado e inútil.

Incluso un niño de 4 años empieza a entender lo que significan los derechos ajenos. En nuestro parlamento escolar semanal de "Summerhill" una nena de 4 ó 5 años empieza a charlar o a hacer ruido. El presidente le dice: "Cállate, Nellie, hay una asamblea." Ella se calla... aunque sólo sea por 5 minutos. Pero no siente miedo, porque la voz del presidente no trasluce una autoridad severa. Aquí los niños viven rodeados por una atmósfera en la que se sienten estimados... aunque sean unos malditos incordios.

En un buen hogar, un hogar sin miedo, el niño de 4 años no se sentirá lastimado si le dicen que se calle.

Sé muy bien que una chica de 15 años tiene muchas amistades, pero mi Jeannette habla constantemente por teléfono. Nuestros amigos nos llaman y no pueden franquear la barrera del sonido. ¿Debemos permitir que Jeannette hable todo lo que quiera o eso implicaría licencia?

Pienso que eso es lo que implicaría. Yo le diría sencillamente: "Oye, querida, tú no eres la única que vive en esta casa. Hay otra gente que desea usar el teléfono de modo que deja la línea libre."

Mi hija aduce que está criando a sus criaturas en una atmósfera de libertad, pero desde mi punto de vista es demasiado permisiva. Los chicos consiguen todo lo que quieren, y no respetan las necesidades y deseos de los adultos. Ella cree estar siguiendo los preceptos de "Summerhill". Yo no estoy muy segura de que sea así. ¿Qué opina usted?

No me resulta fácil opinar porque no conozco la situación. Hace poco tiempo le pregunté a la madre de uno de mis alumnos: "¿Por qué pierde los estribos cuando su chico dice una mala palabra o rompe una taza?

Ella me contestó: "No soy una mujer feliz. Hace 5 años que mi esposo no se acuesta conmigo. Mi vida es una larga frustración, eso me saca de quicio y les grito a los chicos."

El hecho de dar a los niños todo lo que quieran puede implicar que se les concedan sucedáneos por el amor que sus padres no son capaces de brindarles. En un buen hogar, los niños no tienen derecho a empuñar la batuta. Ellos, lo mismo que los adultos, son socios de una empresa laboriosa y feliz.

Por otra parte, es posible que usted no sea la persona ideal para juzgar la forma en que se debe criar a los niños. Quizás es partidaria de la disciplina rígida, de la teoría en virtud de la cual a los-niños-se-los-debe-ver-pero-no-oír. Quizás es una de esas abuelas que piensan que sus hijas son mujeres incompetentes que todo lo hacen mal.

Espero que usted comprenda que si los padres de su

nieto no están de parte del niño, este no será feliz ni ahora ni en su vida futura. Pero, al mismo tiempo, los regalos costosos del tipo de las radios y las bicicletas no aseguran la dicha de un niño, así como los Cadillacs y Rolls Royces jamás han aumentado en un ápice la verdadera dicha interior de un adulto. Cuando las cosas se obtienen con demasiada facilidad, no se aprecian. Este es el motivo por el cual los buenos psicoterapeutas exigen que todos sus pacientes les paguen honorarios, pues saben que aquellos no valorarían nada que hubieran obtenido gratuitamente.

Mi chico es un fanático del jazz. Dirige una orquesta y practica en nuestra casa. Mi esposo y yo hemos llegado a un punto en el que ya no podemos soportarlo. El estrépito constante del saxofón con el que ensaya todo el día y de la orquesta que ensaya tres veces por semana, nos vuelve locos. ¿Cómo se resuelve un problema de esta naturaleza?

El chico dice que no tiene otro lugar donde reunirse y ensayar. Si se tratara de mi casa, me libraría del ruido alquilando una piecita en otra parte y pagaría el alquiler con gusto.

Pero siempre se plantea el problema del dinero. ¿Disponen de fondos para alquilar un salón de ensayos?

Personalmente los comprendo porque aborrezco algunos de esos ruidos que la gente llama música. Mi escuela tiene su propia orquesta de jazz pero, afortunadamente, practica en un cuarto bastante alejado de mi sala.

Sin embargo, prohibir el jazz constituiría un crimen contra el chico y engendraría en la casa una tensión insoportable. No se puede proscribir el jazz ni el "rock and roll" ni ninguna otra forma de expresión moderna sólo porque a uno no le gusta.

No veo otra solución que la de la sala alquilada. Pero si no pueden sufragar los gastos, sólo atino a sugerirles que usen tapones para los oídos y que se resignen. En la casa de una profesora de piano, a la familia no le queda otro recurso que el de aguantar el estrépito.

Cuando en mi casa se conversa, mi hija grita para atraer la atención. Esto tiene constantemente sobresaltado a mi esposo, quien se limita a gritar más fuerte. Le decimos a la chica que su actitud es grosera, antipática, etcétera, pero nuestras palabras caen en oídos sordos. ¿Tiene alguna solución?

Sí, una que he empleado muy a menudo en mi escuela: "*Mary, no te oímos bien. Vamos, levanta la voz.*" Generalmente resulta.

El método represivo es inútil e implica una pérdida de tiempo. Me parece que su hija se siente inferior, un estorbo en la familia. Es posible que sus gritos signifiquen: "*Vean, señores, no podrán olvidarme. Les aseguro que me haré oír.*" Y es muy posible que se trate de una protesta constante contra su postergación.

¿Pero por qué se inquieta por lo que, al fin y al cabo, es un problema de segundo orden? ¿Se preocupa por el adoctrinamiento que su hija recibe en la escuela o en la iglesia? Alguna vez se sienta tranquilamente a pensar: *¿Por qué mi hija se muestra rebelde y desdichada?*

Profundicen, señores, profundicen y dejen de preocuparse por los que no son sino síntomas exteriores de conflictos internos. Procuren llegar al fondo de las cosas, al meollo de la vida, más allá de los detalles convencionales que son efímeros y minúsculos. Su pobre chica tiene un agravio, una protesta, un infortunio que les oculta.

Las vociferaciones pueden ser un disfraz: es posible que el tímido grite cuando lo agredan, para ocultar su terror. No se puede curar nada atacando los síntomas. Ustedes, los padres, deben tratar de convertir la casa en un lugar feliz para su hija.

Mi hijo de 5 años está cautivado por una serie de televisión que se trasmite todos los días a las 18 horas. El televisor está en la sala. Su padre llega a casa todos los días alrededor de las 18, agotado y ávido de silencio y tranquilidad. El programa de vigilantes y ladrones lo irrita terriblemente. ¿Cómo es posible conciliar estos intereses encontrados?

Puesto que no conozco la topografía de la casa, no sé si el televisor se podría instalar en otro cuarto: digamos en la cocina o un dormitorio. Lamentablemente la irritación del padre se comunicará al hijo, y es posible que este identifique el placer de la televisión con la cólera paterna.

Miles de hogares tienen problemas análogos. Mi propio televisor está en nuestra sala. A menudo debo ver un programa que les interesa a los demás pero no a mí. Claro que, por otra parte, me queda el recurso de abandonar el cuarto. El programa de televisión es la maldición de todas las familias. Casi siempre los adultos quieren ver una buena pieza teatral, en tanto que los chicos prefieren la música "pop" o una serie.

En una familia libre se producen muchas concesiones mutuas. Al chico le gusta ver a Batman; al adulto le gusta ver teatro o fútbol. ¿Qué hacer? Mi esposa y yo estamos en la misma situación con nuestra hija y resolvemos el problema mediante concesiones mutuas. Decimos: "A las siete diviértete con tus músicos de jazz; a las ocho, veremos una pieza de Shaw."

Para dar a la consulta una respuesta directa: desde mi punto de vista sólo hay dos soluciones. Mudar el televisor a otro cuarto o decirle al chico que no puede ver televisión todas las noches. Lo mejor es mudar el aparato porque si se le niega al chico su programa favorito es posible que él lo interprete como una prueba de falta de cariño. Semejante idea puede tener consecuencias mucho más graves que la irritación de papá por una estúpida película de Súperman.

Mi hija toma constantemente mis ropas. Tiene su propio guardarropas, bien provisto, pero siempre parece preferir mis cosas. A veces, cuando sabe que algo es nuevo o costoso, lo toma sin pedir permiso. ¿Debo castigarla?

No, categóricamente no. Posiblemente su hija la estime tanto que lleva la identificación al extremo de querer lucir incluso sus ropas. O es posible que tenga una fuerte fijación con su padre y que sienta, sin pensarlo: *"Quiero ocupar el lugar de mamá en su afecto."*

Es cierto que la chica está cayendo en la licencia. Toma sin autorización aquello que no le pertenece. Pero usted debe preguntarse *por qué* procede así. En verdad, mamá, ¿por qué tu hija *no* te pide permiso?

A mí me parece que la relación que existe entre ustedes no es una relación de amor. El solo hecho de que usted hable de castigarla me lo indica. Es posible que la chica esté pensando en su subconsciente: *"Si no puedo conquistar el cariño de mamá conquistaré su odio. Un buen sistema para arrancarle a mamá alguna reacción consiste en usar sus ropas."*

Nuestras ropas son, por así decir, parte de nuestra personalidad, pero también lo son nuestros hijos. Un incidente de esta naturaleza, o incluso varios, no sacarían de sus casillas a una madre equilibrada. Cuanto más valora las ropas, tanto menos equilibrado es el adulto. El inglés convencional con sus pantalones a rayas y su ridículo bombín valora tanto su aspecto personal porque no tiene dentro de sí suficientes elementos dignos de su estima. Sobrevalorar las ropas sugiere falta de interés por las cosas más importantes de la vida.

El castigo y las rabietas no servirán para nada. Por el contrario, semejantes reacciones le probarán a la chica que no la quieren en la medida suficiente. Pero si la relación entre la madre y la hija es espontánea, no resulta difícil abordar eficazmente una situación sin recurrir a la cólera o el castigo. Cuando Bobby toma una de mis herramientas y no la devuelve, no titubeo en decirle categóricamente que quiero que me la restituya. Pero en mis palabras no hay odio, ni ira, ni acentos moralizadores. Es posible que al día siguiente Bobby me reprenda por haber llegado tarde a una clase. Lo hace a menudo. Y este mismo sentimiento puede convertirse en norma dentro de la familia cuando el padre y el hijo no están separados por un abismo insalvable, cuando no se ha inculcado temor a los pequeños.

Convierta su hogar en un lugar feliz para su hija, y le sorprenderá la rapidez con que se disiparán muchos problemas.

EL AUTOCONTROL

En su libro* Summerhill *usted menciona a menudo el autocontrol. ¿Qué significa exactamente "autocontrol"?

El autocontrol depende mucho de la psicología, la filosofía y los valores de la misma madre. Ningún niño pude ser autocontrolado cuando su madre se preocupa más por los objetos que por su hijo. El autocontrol es ajeno al tipo de madre que pone el grito en el cielo si se rompe un estúpido jarrón o que quiere impresionar a los vecinos con un hijo o una hija simpática y cortés. Ninguna madre con complejos respecto del sexo y los excrementos podrá tener un hijo autocontrolado. El término postula la presencia de una mujer equilibrada, serena.

Aparantemente estoy pintando el retrato de una madre ideal que nunca existió sobre la tierra o el mar. Sin embargo, lo que quiero decir es que un niño no puede ser más autocontrolado que su madre. Toda madre debe controlarse a sí misma antes de poder criar a un niño autocontrolado. Debe renunciar a todas las ideas convencionales sobre el aseo, la desprolijidad, el ruido, las palabrotas, los manoseos sexuales, la destrucción de juguetes, etcétera. Un niño sano debe destruir conscientemente muchos juguetes. Ningún moralista, ningún adepto a ritos religiosos, ningún cultor de la disciplina podrá tener un hijo autocontrolado. *El autocontrol implica una conducta que emana de la propia personalidad, no de la coacción exterior.* El niño moldeado no tiene personalidad; sólo es una copia de sus padres.

Para permitir el autocontrol, el individuo no debe ser necesariamente educado o culto. Recuerdo a Mary, una sencilla mujer de una aldea de pescadores escoceses. Mary era maravillosamente plácida: nunca se alteraba, nunca se enfurecía, tomaba instintivamente el partido de sus hijos e hijas, estos sabían que ella aprobaba todos sus actos. Como madre, Mary era una gallina clueca rodeada por sus polluelos, tenía el don natural de irradiar amor sin convertirlo en un amor posesivo. Era un alma simple que nunca había oído hablar de psicología o de autocontrol, pero que practicaba cabalmente este último sistema. Cuando trataba con su familia se dejaba guiar por sus emociones y no se atenía a ninguna pauta rígida sobre educación infantil. Claro que disfrutaba de mejores condiciones que las que rodean a una madre instalada en un departamento de Filadelfia. Sus hijos pasaban mucho tiempo al aire libre y no tenía aparatos costosos que fuera necesario proteger de las manos infantiles: ni radios, ni televisores, ni planchas eléctricas. La familia no tenía ropas caras que hubiera que salvaguardar del polvo. Se producía un sencillo intercambio sin vislumbres de prepotencia parental. Los chicos crecían como yuyos, sin un cultivo exagerado y nutridos por el amor. Mary sabía qué era lo que se podía esperar de una criatura más o menos en la misma forma en que sabía lo que se podía esperar de un ternero. No pretendía que un pepino echara hermosas flores ni que su hijo de 3 años estuviera limpio y fuese considerado. Lo que le toleraba a una criatura de 5 años no se lo toleraba a otra de 10. Mary amaba a sus hijos pero también se quería a sí misma: se respetaba y nunca habría permitido que sus cachorros se aprovecharan de su bondad. Llamaba al pan pan. Los chicos sabían que se podía confiar en ella. Sabían que no era posible zarandearla de un lado a otro, pero sabían sobre todo que era una madre que nunca los explotaba, que los amaba y que nunca les pedía imposibles. Ese era un ejemplo de verdadero autocontrol: un hogar sin presiones.

"Todo esto es muy lindo —dice la madre norteamericana que reside en la ciudad—, pero yo no vivo en el campo."

Supongo que todo depende de la medida en que usted quiere verdaderamente a su hijo. Su pequeño de 2 años se portará mal si siente que se encuentra en un entorno tenso, donde usted repite constantemente: "No, no lo hagas." Intuirá que la vida será para él un largo período de adiestramiento.

Usted no debe pretender que su hijo adquiera hábitos higiénicos prematuramente, montándolo sobre la bacinilla para educarlo. Si la bacinilla está allí, cuando llegue el momento aprenderá a usarla. Si le desagrada un determinado alimento, no debe obligarlo en ningún caso a comerlo. Ni siquiera debe inducirlo a comerlo. Si se toca los órganos genitales, cuando lo hace debe sonreír complacida.

¿Y sus rabietas? ¿Y las ocasiones en que le pega a la hermanita menor? ¿Y cuando rompe algo? Es inútil tratar de razonar con una criatura de 2 años, porque no entiende la relación de causa y efecto. Cuando le tira de la cola al gato es ocioso decirle: "¿Te gustaría que te tiraran de la nariz?" Hay oportunidades en las que se debe decir "no", oportunidades en las que hay que apartar al niño de la hermanita llorosa a la que le ha pegado injustamente, oportunidades en las que se le debe decir: "No toques eso." La madre serena *sabrá* qué hacer y qué decir. Pero la madre cuya voz y cuya mano asustan a su hijo sólo logrará que se agudice el mal comportamiento.

El autocontrol es intangible, nadie puede enseñarlo.

Son muy pocos los niños a los que se les inculcó el autocontrol desde la cuna. Veo que son menos agresivos, más tolerantes, más ágiles, más libres en el plano espiritual. No es probable que se dejen condicionar por los moralistas, enemigos de la vida.

Pero el autocontrol no implica que no se deba proteger al niño. Cuando una madre me escribe para preguntarme si la instalación de una pantalla de chimenea perjudica el autocontrol, suspiro.

Una de las madres más atribuladas es la que cría un niño de 4 años y vive en una calle muy transitada. A menudo debe olvidar todas las normas del autocontrol para rescatar asustada a su hijo errabundo. Los autos, las bicicletas, los productos inflamables, las zanjas... he aquí una serie de elementos que determinan que a muchas madres ansiosas les resulte muy difícil crear una atmósfera de autocontrol. Pero si la madre sólo se preocupa por la seguridad de su hijo y no se entromete en su vida desde otros ángulos, es muy probable que este llegue a la meta.

Muchas personas repiten lo que usted escribió acerca de "Summerhill" pero a mi juicio no hacen nada por trasladarlo a la práctica. Parecen llevar a "Summerhill" en la cabeza pero no en las vísceras. Conozco padres que citan entusiasmados su libro y después coartan la libertad de sus hijos. ¿Qué me cuenta?

Sí, es muy cierto que algunos padres estiman la idea de libertad en el plano intelectual, pero no en el emocional. Están aquellos que dicen: *"La libertad es muy linda, pero..."* A menudo el "pero" significa: *"¿Cómo encajarán los niños libres en una sociedad que no lo es?"* A menudo el "pero" significa: *"¿Mi hija optará por el amor libre?"* Cuando el "pero" no refleja miedo, refleja puritanismo.

Recuerdo la historia que cuenta Wilhelm Stekel acerca de la oportunidad en que analizó a un muchacho de 17 años, hijo de un psiquiatra. El muchacho se sentía muy culpable porque había copulado con su hermana. Cuando concluyó el análisis, el padre consultó a Stekel en presencia del chico.

—Y bien, doctor, ¿qué le pasa a mi hijo?

Stekel respondió que no podía trasgredir el secreto profesional, ni siquiera para conformar a un padre.

—Quiero que papá lo sepa —intervino el muchacho, y entonces Stekel contó todo.

El padre se rió.

—Claro que entiendo... el viejo complejo del incesto.

Al día siguiente, cuando el chico concurrió al consultorio de Stekel, tenía la cara llena de moretones. Su padre, el psiquiatra, lo había llevado a su casa y le había pegado una paliza brutal.

Más tarde, el padre mismo fue a analizarse con Stekel. Este descubrió que en realidad su paciente estaba enamorado de su propia hija, y que los celos lo habían impulsado a pegarle al hijo.

He aquí un buen ejemplo de un individuo que acepta una situación intelectualmente pero la rechaza emocionalmente. Desde que escuché esta historia hace 45 años, me he abstenido de revelar a los padres los secretos descubiertos en el curso de mis conversaciones con muchachos o chicas.

En cuanto a aquellos que enuncian conceptos liberales, Reich los definió como "mercachifles de la verdad". Los conozco. No son hipócritas: generalmente son idealistas jóvenes que captan una porción de un mensaje y la adaptan a sus propios complejos. Pregunta: ¿Acaso no es esto lo que hacemos todos?

Hay un género de candidatos a maestros de mi escuela que yo me resisto a emplear: son los que vienen delirando sobre "Summerhill". *"He buscado este paraíso durante toda mi vida."* Estos hombres o mujeres fracasan siempre. Porque "Summerhill" no es un lugar ideal, y en dos semanas el sueño se desmorona. Huyo de los maestros ilusos.

En última instancia, al hombre se lo debe juzgar por sus actos. Es inútil ir de un lado a otro disertando locuazmente sobre la libertad de los niños si no se hace nada al respecto. Pienso que Krishnamurti debería haber pasado su vida entre los niños en lugar de recorrer el mundo adoctrinando a burguesas, algunas de las cuales, me temo, utilizaron su mensaje para apuntalar sus vidas inútiles. Ojo con los predicadores, ya se trate de Billy Graham* o de agitadores políticos. Cuando salgo a dar conferencias me consuelo pensando que hablo sobre lo que he hecho y no sobre lo que estoy haciendo. Es lógico pretender que el escritor y el predicador practiquen lo que aconsejan. Los obispos que bendicen naves de guerra no conforman a nadie.

El único evangelio que debe predicar el hombre es el suyo propio, aunque es difícil determinar hasta qué punto uno se ha abrevado en los demás. Tal como yo he copiado el autogobierno de Homer Lane y el autocontrol de Reich.

* Predicador norteamericano famoso por sus sermones violentamente antimodernistas y por el aparato comercial que rodea sus campañas. Como se verá, A. S. Neill lo pone reiteradamente como ejemplo de tartufismo. *(N. del T.)*

Ningún hombre es una isla. Pero me alegro de que Orson Bean no diga que su escuela de 15th Street, Nueva York, es una escuela "Summerhill". El seguirá su propio rumbo.

MODALES

¿Cómo es posible que los niños aprendan modales si no se les dice cómo deben comportarse en la mesa o cuando les presentan a alguien? Yo creo que los modales no son innatos. En consecuencia, ¿no se deben inculcar?

En verdad se trata de lo siguiente: *¿Debemos enseñar etiqueta a nuestros niños?*

Recuerdo la primera vez que encontré un bol para lavarse los dedos en un banquete de gran alcurnia. Un señor bebió el agua del suyo. Yo tuve la precaución de observar lo que hacían los demás.

Es bueno saber cuáles son los cubiertos que se deben usar en la mesa. Pero, claro está, la etiqueta varía de un país a otro. En Gran Bretaña, ningún caballero beberá mientras tenga comida en la boca. Pero esta norma social no rige en el continente europeo. En una oportunidad cometí una torpeza cuando me senté en el sofá de un hogar alemán: más tarde me informaron que en los hogares alemanes el sofá siempre está reservado para los huéspedes importantes.

Cuando me descubro ante una dama mi ademán disimula el hecho de que nuestra civilización patriarcal tiene a la mujer por un ser inferior. Nuestros modales refinados para con las mujeres procuran compensar esa creencia.

Sí, es mejor conocer las reglas de la etiqueta en nuestro mundo convencional. Pero los modales son algo distinto. Los buenos modales implican pensar en los otros. Los modales no se pueden enseñar. En mi escuela no enseñamos etiqueta. Si un chico lame el plato a nadie le importa... en realidad, nadie le presta atención. Nunca educamos a un niño para que diga *"Gracias"* o *"Buenos días"*. Pero cuando un chico se ha burlado de un nuevo alumno rengo, los otros niños convocan una asamblea especial y la comunidad le dice al trasgresor, muy claramente, que en la escuela no hay lugar para los malos modales.

El niño libre desarrolla sus modales naturales. A medida que madura, tiene la prudencia de asimilar la cortesía superficial que es más justo definir como "etiqueta".

Si un niño no es cortés en el sentido habitual, sin duda ofenderá a algunas personas. ¿Su rechazo o su disconformidad no serán perjudiciales para el niño?

¿Qué es la cortesía? La cortesía implica pensar en los demás y en sus sentimientos. Los niños pequeños se interesan primordialmente por sí mismos: el adulto egoísta es un hombre que nunca se ha desarrollado.

El niño disciplinado es cortés con los adultos si los teme. El niño libre adquiere una cortesía natural sin sacrificar su sinceridad. Si el niño es siempre descortés ello se debe a que ha sido mal educado, a que ha internalizado un resentimiento contra los adultos. Piense en la mala impresión que le produce a un niño el hecho de que le digan: *"Besa a la abuela"*; o en el rencor que acumula cuando le ordenan: *"Nene, dale las gracias a la tía Mary por su lindo regalo."*

Los padres y maestros prudentes nunca reclaman cortesía. Las raíces de la descortesía están en los padres exigentes. La señora Smith dice: "No quiero que la señora Green, de la casa de al lado, piense que mis hijos no han sido correctamente criados." La señora Smith pretende congraciarse con sus vecinos a costa de sus hijos.

Pienso que la palabra *gratitud* se debería borrar del diccionario. La gente que reclama gratitud es necia. Mi buen amigo Henry Miller me escribió explicando que ganaba muchísimo dinero con la publicación de *The Tropic of Cancer* (Trópico de Cáncer). "Pienso que 'Summerhill' merece una parte", agregó, y me envió 1.000 dólares. Pero los sentimientos que albergo respecto de Henry Miller no son sentimientos de gratitud sino de cordialidad para con un hombre muy, muy querido. Ignoro cuáles serían mis sentimientos si un John Smith desconocido me enviara un millón de dólares. Estoy seguro de que no se lo podría rotular con la palabra *gratitud*.

Mi muy estimado progenitor, deje que sus hijos descubran su propia pauta de cortesía. Déles amor y ellos serán automáticamente corteses. Pero si los fastidia con reglas de conducta, es muy probable que esté sentando en sus fibras íntimas las bases necesarias para que sean desconsiderados con los demás.

A mi chico nunca le inculcamos buenos modales. Dice "gracias" y "por favor" por iniciativa propia. Es considerado con los demás. Pero por alguna razón tiende a tomar los alimentos con los dedos. Mi esposa y yo fuimos complacientes, con la esperanza de que superara esta etapa, pero continúa aferrado a esa espantosa costumbre. Sincera-

mente, estamos muy disgustados, y además nos preguntamos si no adquirirá este hábito en forma permanente, para su propio bochorno y el nuestro en años posteriores. ¿Qué opina?

¿Tiene 5, 10 ó 15 años Claro que con el trascurso del tiempo superará esta etapa. Cuando invite a cenar a su primera novia, no tomará la comida con los dedos.

Yo no atacaría esta costumbre mientras él tocara sus propios alimentos. Claro que protestaría si metiera los dedos en mi porción de tarta de manzanas.

Es posible que tenga un complejo respecto del convencionalismo. Nuestros hábitos de ingestión están estilizados. ¿Por qué debemos abstenernos de comer los guisantes con el cuchillo o de echar el té en el plato para enfriarlo? ¿Por qué no podemos tomar el queso con los dedos en lugar de depositarlo sobre una galletita con el cuchillo? Si tomamos las manzanas y las peras con la mano, ¿por qué no podemos hacer otro tanto con las salchichas o el pastel de cerdo? Pienso que desde este punto de vista el chico no está muy errado. Pero atención, no excluyo la idea de que su motivación inconsciente consista sólo en fastidiar a los viejos.

Dice en su carta que usted y su esposa son partidarios de no imponer al niño ningún tipo de aprendizaje o restricción. ¿Pero cuánto tiempo hace que sustentan este principio? ¿Antes de oír hablar de "Summerhill" eran educadores del carácter? En verdad, ¿intimidaban al niño cuando este era muy pequeño? ¿Y algunos años más tarde le dijeron: *"Eres libre y puedes hacer lo que quieras"*? En tal caso, eso es lo que está haciendo. Si el problema se me presentara a mí, no diría nada.

Esto me recuerda una magnífica exhibición de buenos

modales a la que asití en una oportunidad. El clérigo de la aldea invitó a un obrero a su mesa. El plato era un picadillo de carne. En seguida el obrero empezó a mandárselo al buche con el cuchillo. El clérigo empuñó su cuchillo y lo blandió con entusiasmo. Naturalmente, yo lo imité.

EL DEBER Y LA RESPONSABILIDAD

¿Por qué el niño debe hacer sólo lo que le gusta? ¿Cómo podrá enfrentar una vida que le impondrá un cúmulo de deberes desagradables?

La infancia no es la adultez. La infancia consiste en jugar, y ningún niño juega lo suficiente. Cuando el niño haya jugado bastante empezará a trabajar y a enfrentar dificultades, y se desempeñará correctamente aunque su trabajo incluya un montón de elementos desagradables.

La mayoría de la gente odia el trabajo. Muchas veces he preguntado a mis interlocutores: "¿Si ganara una fortuna, conservaría su empleo?" Los artistas, los médicos, algunos directores de escuela, los músicos, los agricultores y otras personas creadoras contestan afirmativamente; muchas otras responden que abandonarían el trabajo... sobre todo los peones, empleados de tienda, burócratas, camioneros y obreros de fábricas que permanecen junto a la línea de montaje y no abrigan ningún sentimiento respecto al producto final. Esto porque la mayoría de los empleos carecen de verdadero interés y los jóvenes en particular los odian.

Los niños criados en una atmósfera de libertad pueden abordar tareas desagradables, pero nunca se obsesionan con el trabajo. Lo que quiero decir es que el niño libre no acumula cólera y aborrecimiento contra quienes les imponen estos deberes. Si un joven o una joven experimentan una sensación de libertad interior, los trabajos no los exasperan demasiado.

La semana pasada mi hijo, Tommy, montó sobre su motocicleta, atravesó la ciudad velozmente y chocó contra un auto estacionado, al que le causó daños calculados en 150 dólares. Nuestros ingresos no nos permiten afrontar semejantes gastos imprevistos. Pero, naturalmente, debemos pagar esta cuenta. ¿Qué corresponde hacer? ¿Debemos descontar semanalmente el dinero de la pensión de Tommy? ¿Debemos exigirle que venda la motocicleta para juntar el dinero de la indemnización? ¿O qué?

Si deciden que Tommy venda su motocicleta para pagar la indemnización se sentirá muy mortificado y lo tomará como una prueba de que ustedes no lo quieren. Pero no veo ninguna razón para que no ayude a compensar los daños con una parte de su pensión. Al fin y al cabo debe enfrentar la realidad y debe aprender que no es posible que sus padres solventen sus imprudencias.

No conozco, sin embargo, su edad, ni sé qué clase de chico es. Si tiene alrededor de 12 años, es posible que interprete la obligación de pagar como un castigo y se sienta agraviado; pero si tiene 17, está en condiciones de comprender las razones por las que debe contribuir a sufragar los gastos.

Quedé viuda cuando mi hijo tenía 6 años. Me vi obligada a trabajar para ganarme la vida y lo pasamos mal. Ahora mi chico tiene 16 años, concurre a la escuela superior y es un buen alumno. No existe la menor probabili-

dad de que yo pueda financiar sus estudios universitarios. Me gustaría que deje ya la escuela y se emplee para ayudarme a mantener a sus dos hermanos menores. ¿Tengo derecho a pedirle que se convierta a esta edad en el hombre de la familia?

No sé qué futuro le aguardaría al chico si se quedara en la escuela, pero pienso que sería incorrecto convertirlo a esta edad en el hombre de la familia. Sospecho que a esta altura de los acontecimientos no podría conseguir un empleo muy bueno.

Pienso que usted debería desvelarse durante un año o dos para dejarle al chico la oportunidad de decidir por sí mismo lo que desea hacer en la vida. Si lo obligara a abandonar la escuela y a él le disgustara tener que salir a trabajar, la atmósfera familiar no sería muy dichosa, ¿verdad?

No, le aconsejo dejar que *él* decida.

Mi esposa es esclava de nuestros hijos: levanta las ropas que ellos dejan tiradas, plancha para ellos y hace todos los trabajos del hogar. Le repito constantemente que los está convirtiendo en chiquilines irresponsables, pero ella responde que un poco de amabilidad y atención nunca malcrió a un niño. ¿Quién tiene razón?

A juzgar por la forma en que usted lo presenta, la tiene ella.

Puesto que ser niño implica jugar, el derecho del niño consiste en jugar y jugar. Esto es lo que usted debe prever. El programa que usted elabora para sus niños no es natural. En "Summerhill" no les pedimos a los chicos que trabajen. Los mayores ejecutan algunas tareas porque quieren que sus habitaciones estén presentables. A los más pequeños sencillamente no les importa. Pero si se los deja en paz, es muy posible que cuando estos niños *crezcan* se preocupen por el aspecto de su entorno.

Claro que en un hogar la situación es distinta. Compadezco a la madre que debe lavar los platos y barrer los pisos porque sus hijos adolescentes no la ayudan. Cuando se trata de adolescentes, ella tiene en verdad derecho a decirles que deben colaborar en el trabajo, pero esto no se aplica a los niños más pequeños. El problema deriva en parte de la diferencia que existe entre las pautas de los niños y los adultos. A la mayoría de los niños no les inquieta que en una habitación impere el desorden, y me atrevo a decir que muchos hombres tampoco se preocupan por cuidar que sus casas estén impecables. Si los niños se lavan por propia voluntad, magnífico. Pero las amonestaciones constantes implican una falta de cariño parental.

Hablando en términos generales, un chico de hasta 7 años se acicala y trabaja, pero 2 años más tarde elude todas las tareas domésticas. He visto a muchas adolescentes que refunfuñaban cuando les pedían que hicieran los trabajos del hogar. Sin embargo, cuando sus madres se iban de vacaciones por una semana, conservaban la casa inmaculada.

Sospecho que cada niño piensa inconscientemente que los adultos tienen el deber de trabajar para él. Con el trascurso del tiempo superan esta etapa... si no se los fastidia. Aconsejo que a los adolescentes se los trate con tolerancia. Los padres prudentes no tienen pretensiones exageradas... exageradas desde el punto de vista psicológico.

Y usted, oh esposo, ¿participa en esas tareas domésticas? Debería hacerlo, ¿sabe?

Mi hijo de 15 años elude todas las tareas domésticas. Siempre tiene una objeción cuando le pedimos que corte el césped o lleve un paquete o que haga cualquier otra cosa que solicitamos. Considera que trasgredimos sus derechos. No estamos en condiciones de pagarle a un jardinero, ni a un mensajero, ni de hacer otros desembolsos extraordinarios. Mi esposa y yo opinamos que un muchacho de esta edad debe tener sentido de la responsabilidad y que nosotros tenemos derecho a recurrir a él para encomendarle ciertos trabajos que está en condiciones de realizar. Sin embargo no nos atrevemos a coaccionarlo. Por un lado es nuestro único hijo y tememos perder su afecto. Pero por otro lado tenemos grandes conflictos de conciencia y tememos estar malcriándolo al no presionarlo para que nos ayude en nuestras tareas domésticas.

¡Oh, los miles de padres que tienen el mismo problema! Jenny no ayuda con el lavado cuando está pasando las vacaciones en casa; Peter vagabundea y ni siquiera se aviene a llenar el depósito de carbón. En la mayoría de las familias se plantea la misma situación. Los jóvenes aborrecen las tareas domésticas y no han asimilado el sentido del deber que determina que los adultos ejecuten faenas desagradables. A mi juicio esto significa que la infancia dura mucho más de lo que la mayoría de la gente piensa.

Un problema análogo es el de los adolescentes que remolonean hasta una hora avanzada de la mañana. Podemos reñirlos, pero al mismo tiempo debemos esforzarnos por entender su punto de vista. Quizá los adolescentes están más sumergidos en la fantasía de lo que sospechamos. La vida real consiste en las tediosas tareas domésticas, y los jóvenes no están preparados para enfrentar la realidad de la vida. Es posible que la chica de 15 años que duerme hasta tarde quiera eludir lo que para ella son fastidiosos trabajos domésticos. Es cierto que a la mayoría de los adolescentes se los induce a ejecutar tareas tediosas, ya sea mediante sermones o mediante la amenaza del castigo. Pero apenas desaparece la compulsión exterior aflora la auténtica inmadurez de la infancia y el adolescente se retrotrae a la niñez y a la irresponsabilidad. Los gatos y perros no tienen nada que hacer. Quizás el adolescente que rehúye la responsabilidad siente de algún modo que sus padres lo han tratado como un animalito doméstico.

La reflexión tácita es la siguiente: *Papá y mamá están aquí y ellos tienen el deber de manejar la casa*. Sí, en verdad se trata de un problema complejo, porque tal como usted intuye correctamente, la coacción puede provocar un distanciamiento. En una familia donde impera una auténtica libertad es imposible que se produzca semejante resultado. Mi esposa le dice a nuestra hija: "Vamos. Te toca el turno de lavar", y no teme que esta se rebele. El distanciamiento sólo se puede producir en las familias autoritarias.

El trabajo forzado siempre es malo. Si el patrón necesita repetirle constantemente a un empleado qué es lo que debe hacer y cómo debe hacerlo, lo mejor será que lo despida. El trabajo sólo sale bien cuando su ejecutor está bien dispuesto. La compulsión debe emanar del trabajo, no del patrón o el padre. La única recompensa que vale la pena es la satisfacción personal de haber ejecutado una tarea correcta y sinceramente.

Un rasgo interesante que se observa en la mayoría de las familias es el de que cuando los padres se van de vacaciones, los adolescentes cocinan, lavan y friegan los pisos. Por el momento, la necesidad determina que los adolescentes se convierten en adultos. Pero apenas regresan los viejos, reaparece la hostilidad al trabajo.

Una sociedad prudente no le pediría a nadie menor de 20 años que ejecute un mínimo de trabajo, porque la infancia se prolonga hasta muy avanzada la adolescencia. La infancia es juego: debemos aceptar este hecho. En consecuencia, padres preocupados, suspiren y empuñen el repasador, y recuerden que las pautas de sus hijos difieren de las de ustedes. Para muchos adolescentes un cuarto desordenado no tiene ninguna connotación... sencillamente no lo ven.

Sin embargo, los padres deben abstenerse de explotar a los niños... *"Alcánzame el martillo, Billy."* Muy bien si Billy lo está ayudando a reparar una mesa, pero no tan bien si Billy está construyendo un bote o leyendo un libro.

RESPETO

¿Cómo se debe educar a un niño para que respete a sus padres?

¿Qué significa la palabra *"respeto"*? Pienso que el principal ingrediente de dicha palabra es el miedo, como en el caso de los niños que respetan a sus maestros severos. Mi diccionario define el respeto como *"aprecio por el mérito, por la honra; sentir gran aprecio"*. Muy bien, si sus chicos no creen que usted sea una persona meritoria u honorable o digna de aprecio, ¿qué remedio le queda? ¿*Obligarlos* a pensar que es una gran persona?

Mis alumnos no me respetan. Nunca les pido respeto. Hoy una niña de 10 años me dijo que soy un tonto rematado. ¿Y bien? Esta era la opinión que tenía por la mañana y era libre de sustentarla. Por otra parte su aserto no llevaba implícita una falta de cariño.

Hay algo insuficientemente desarrollado en los padres que exigen respeto. Evidentemente, no han conseguido inspirar amor a sus hijos y por tanto reclaman un sucedáneo inferior. Los padres que son verdaderamente justos y rectos con sus hijos no necesitan respeto.

¿Cómo es posible que el niño respete a una madre gruñona o a un padre vociferante? ¿Cómo es posible que el niño respete a sus padres cuando los oye mentir? ¿Cómo es posible que el niño respete a una madre que no se atreve a enfrentar a un padre prepotente?

Yo respeto a Bertrand Russell por su filosofía, por su humanismo, pero ese respeto no está contaminado por el miedo o la envidia. Si usted quiere que su hijo lo respete, compórtese de modo tal que el respeto aflore naturalmente, o sea merecidamente, y que no sea producto del temor a las represalias.

Mi hijo, Donald, es poco respetuoso con sus abuelos. Mi esposo y yo nunca pedimos respeto. Lo que queremos es amor y creo que lo hemos conseguido de Donald. Pero me siento abrumada por la indiferencia con que Donald trata a sus abuelos, tanto paternos como maternos. A ellos los escandaliza su frialdad y falta de cortesía. ¿Hay algo que pueda decirle al niño?

Me siento solidario con usted, con los abuelos y con

Donald. Generalmente los abuelos entran en dos categorías: algunos malcrían al niño, con el pretexto de que los padres no saben ni remotamente cómo deben educar a sus propios hijos, en tanto que otros ven a las criaturas como una amenaza para todo aquello en lo que creen. Aborrecen a esos espantosos gandules que se dejan el pelo largo, hablan en jerga y no piensan más que en la música "pop" y las fiestas.

En este caso tengo la impresión de que los abuelos pertenecen al segundo grupo. Es probable que a Donald lo fastidien sus intromisiones y sus discursos moralizadores. Existe un gran abismo entre un niño de 10 años y un abuelo de 70. Los viejos y los jóvenes no hablan el mismo lenguaje ni tienen las mismas inquietudes. La mayoría de los abuelos está anclada en un período anacrónico. Es posible que cataloguen como disolutos los estilos y las actitudes a los que no están acostumbrados.

Cuando mis padres vivían yo les escribía regularmente y mis cartas eran de índole "meteorológica". Les decía: "Hemos tenido un día de sol. ¿Cómo marcha el tiempo por allá?" Era difícil encontrar temas que pudieran interesarles.

Si Donald no simpatiza con los abuelos, no veo qué se puede hacer al respecto. Hablar con él sería gastar saliva inútilmente. Los niños son dueños de una franqueza natural. Si Donald supiera que sus abuelos le dejarían un millón de dólares en el caso de que se entusiasmara con ellos, tampoco cambiaría de actitud.

Lo único que puedo sugerir es que mantengan a Donald lo más lejos posible de los abuelos.

Cuando mi hijo no puede salirse con la suya se enoja. Incluso me pierde el respeto y me dice: "Malvada, bruja."

¿Debo permitir que desahogue su cólera o debo prohibirle que me insulte? El hecho es que me siento muy lastimada cuando oigo que me caracteriza en esa forma.

Sería inútil coartarlo. Sólo conseguiría que su odio se internalizara y fermentara.

El mejor sistema consistiría en que usted se sumara al juego y le endilgara todos los motes que se le ocurrieran. pero no de mal talante, claro está. Este cuadro tiene su lado bueno: el niño no tiene miedo de injuriarla. ¡Magnífico!

Usted se siente lastimada porque se siente culpable... *"Si le hubiera dado más amor, no reaccionaría con odio en la forma en que lo hace."* En cuanto a la teoría de que el niño debe respetar a sus padres... ¡Ay de mí!

Le aconsejo que aprenda a reírse junto con su hijo. El humor y el odio no pueden convivir. Es posible que el niño sea anormalmente sincero, porque debe de haber unos cuantos millones de niños que a veces querrían espetarle a sus madres algo que rime con "legua", pero no se atreven a hacerlo. Su odio, desahogado, se disipará. Pero si le pega, lo sermonea o lo coarta, es posible que el odio siga latente durante mucho tiempo.

CONVENCIONALISMO

Mi sobrina, Mary Lou, quiere ser bailarina. Sus padres están atónitos. Identifican esa profesión con una vida descarriada. ¿Qué puedo decirles para convencerlos de que mi sobrina tiene una vocación meritoria?

¡Pobre Mary Lou! Aparentemente sus padres aún viven en la era victoriana. Temo que nada de lo que usted les diga pueda ayudar a esa chica. Son capaces de convertir a una Pavlova nata en una secretaria de oficina y de frustrarla para toda la vida. Por lo que me cuenta son egoístas hasta el tuétano.

Su temor a la vida descarriada me hace pensar que ven el sexo como algo perverso y censurable, porque el término "descarriado" se aplica a la laxitud moral. No sé qué decir respecto de padres muertos como esos.

When We Dead Awaken (Cuando los muertos despertamos), reza el título de la pieza teatral. Los muertos no despiertan nunca.

Temo que la pequeña Mary Lou, como miles de sus hermanas, sea sacrificada en aras de un puritarismo obsoleto.

DESHONESTIDAD

¿Tengo derecho a mentir de vez en cuando a mi hija?

Se me ocurren casos en los que debería mentirle. Si ella estuviera gravemente herida en un hospital, después de un accidente de auto en el que hubiera muerto su padre, y preguntara por este, usted le daría una respuesta tranquilizadora. ¿Qué otra cosa podría hacer?

Todos empleamos mentiras piadosas. La señorita Brown canta y me parece que su voz es horrible, pero sonrío y le doy las gracias. Casi siempre las mentiras piadosas sirven para evitar que alguien sufra. La esposa le pregunta al marido si le gusta el sombrero que se compró en una liquidación. Es un adefesio. Pero está pago y no se puede cambiar. ¿Qué es lo que él *debe* decir, si no es un torturador?

Pienso que deberíamos abolir las referencias. A ningún empleador le gusta estropear el futuro de un hombre dándole una mala referencia, y esta es la razón por la que cuando pido un maestro generalmente estipulo: "Sin referencias."

En una oportunidad tuve un maestro del que quería librarme, pero la cobardía moral me impedía despedirlo. Por fin, solicitó otro empleo y me pidió que le diera referencias. Las que le di eran brillantes. Quedó tan satisfecho con la excelente opinión que tenía de él que canceló su solicitud y se quedó conmigo.

Me gusta la historia del hombre que pidió empleo como conserje. Su anterior patrón escribió que era "generalmente honesto". El jefe de personal no entendió lo que significaba el adverbio, de modo que le telefoneó al ex empleador y le pidió que explicara qué entendía por "generalmente honesto".

La respuesta fue: "Utilicé la palabra 'generalmente' en su debido contexto para significar que no lo es particularmente."

Si le dijera a su hijo: "Atiende el teléfono, querido, y si es la señora Jones contéstale que no estoy en casa", no le causaría tanto daño como el que le produciría si su hijo supiera que usted vive una mentira, simulando que su matrimonio marcha sobre rieles cuando usted y su esposo se odian. He dicho muchas veces que es mejor divociarse antes que vivir una mentira. En más de una oportunidad me he encontrado con niños que son más felices después del divorcio de sus padres, porque ya no deben vivir en una atmósfera de deshonestidad y engaño.

Sé que muchos padres pretenden servir como modelos a sus hijos. Muchos padres se descorazonan cuando sus hijos descubren algo acerca de su pasado: que cuando papá iba a la escuela lo despreciaban cordialmente, que mamá siempre era una de las peores del grado. He conocido a muchas madres que no revelaban la edad a los miembros de su familia, a padres que nunca les decían a sus esposas cuánto ganaban. Posiblemente la mayoría de las mentiras parentales son mentiras defensivas, embustes destinados a salvaguardar la imagen del padre perfecto o de la madre perfecta. Este es un gran error. Su hijo debe saber cuáles son las virtudes y cuáles son los defectos de sus padres. Esto es con creces lo más sano. Su hija debe quererla por lo que usted es y no debe encariñarse con alguien que no existe. Todo chiquillo cree que su padre es capaz de batirse con seis hombres: sólo un padre muy osado se atrevería a confesar sinceramente que no podría batirse ni siquiera con uno.

Una de las peores mentiras es la que va implícita en el aserto: "Cuando yo fui chico nunca robé." Cualquier niño que escuche esta sandez comprenderá intuitivamente que su padre fue una criatura intimidada o que tiene una gran capacidad para olvidar lo que le conviene.

La mayoría de los embustes parentales derivan de la absurda idea de que un progenitor nunca debe confesar su naturaleza humana. ¿Cuántos padres serían sinceros si sus hijos les preguntaran si se masturbaron alguna vez? ¿Cuántas madres confesarían haber tenido experiencias sexuales antes del matrimonio? Y el niño moderno hace de vez en cuando estas preguntas embarazosas.

Sí, es en el terreno sexual donde muchos padres mienten. ¿De dónde vienen los niños? ¿Cómo se los fabrica? En realidad son preguntas fáciles de contestar, si el padre es sincero. Pienso que casi todas las mentiras parentales son innecesarias, y que casi todos estos embustes revierten sobre sus autores. Las mentiras sutiles, y las .no tan sutiles, perjudican tanto al padre como al hijo.

DISCRIMINACION

Vivo en pleno Sur de los Estados Unidos, en una pequeña ciudad vecina a Atlanta. Tengo un buen empleo. Mi esposa y yo tenemos educación universitaria, pero nuestros hijos, Nancy de 11 años y Bob de 13, se sienten inferiores porque son negros. En el barrio todos opinan, pública o encubiertamente, que somos inferiores, y nos tratan en consecuencia, pero siempre pensé que ni mi esposa ni yo habíamos permitido que semejante atmósfera penetrara en nuestro hogar. Henos aquí con dos magníficas criaturas, cada una de las cuales cree haber sido víctima de una maldición porque nadió con la piel negra.

Esta no es una pregunta, es simplemente un triste aserto. Nunca estuve en pleno Sur, pero lo que he leído al respecto me revuelve el estómago. No sé si los dos niños concurren a una escuela integrada o segregada. Tampoco sé si juegan con niños blancos. Parece que a los niños blancos les inculcan el odio desde la cuna, porque las criaturas pequeñas no tienen ningún prejuicio natural en materia de color, o sólo lo tienen en grado mínimo.

En "Summerhill" ningún niño parece notar si el otro es negro o blanco. Cuando fui a pronunciar una serie de conferencias a Sudáfrica, en 1936, observé, naturalmente, la actitud hostil de los blancos respecto de los negros, y me contaron que la Iglesia Calvinista local aceptaba la situación con el argumento de que la Biblia define al negro como un tallador de madera y acarreador de agua. ¡Qué estupidez!

Llevaría demasiado tiempo explorar las razones profundas que subyacen detrás del complejo del color, pero en términos generales pienso que los negros representan simbólicamente todo lo que el blanco odia en sí mismo. Son negros, o sea impuros. El blanco es sinónimo de pureza. En materia de alimentación también se prefiere el arroz blanco y el pan blanco, como si mediante la desnaturalización del excelente producto originario se purificara el alimento. En una oportunidad un criador de aves de Nueva Jersey me contó que debía abastecerse con Leghorns sólo porque muy pocos neoyorquinos accedían a comprar los huevos marrones que ponían las Rhode Island Reds.

En el fondo, claro está, todos los profetas del odio buscan un chivo emisario. Hitler eligió a los judíos; los norteamericanos a los comunistas. También en Gran Bretaña afloraron los prejuicios de color después de la llegada de muchos inmigrantes de las Indias Occidentales.

¿Cómo pueden eludir los niños negros este odio y esta intolerancia masivos? La situación es aterradora. Estas dos criaturas deberán enfrentarla. Espero que tengan la integridad y el coraje suficientes para no dejarse apabullar por la crueldad de sus vecinos blancos. Estoy seguro de que estos vecinos blancos concurren a la iglesia y se autotitulan cristianos.

Ojalá pudiera darle algún consejo práctico. Es imposible. Tampoco podría asesorar a un anticomunista radicado en Berlín Oriental. Las trampas masivas casi nunca dejan una escapatoria: sólo quedan la integridad y el coraje.

Mi hija tiene 15 años y concurre a una escuela superior de esta, nuestra pequeña ciudad del Medio Oeste. La sema-

na pasada volvió llorando. La hermandad estudiantil en la que había puesto sus ojos le rechazó porque es judía. Encontré pocos argumentos para apaciguar sus sentimientos lastimados. Por alguna razón, intuye que donde hay humo es porque hay fuego. Sospecha que los judíos deben tener algún defecto porque de lo contrario no los rechazaría tanta gente. Le temo al efecto psicológico. ¿Qué puedo hacer para apuntalar su sentimiento de mérito personal? ¿Qué puedo hacer para probarle que las actitudes a las que ha estado sujeta son perniciosas?

Una vez más la vileza del antisemitismo. Muchos niños judíos sufren en la escuela y en la sociedad. Le he oído gritar a una alumna de 14 años: "Daría cualquier cosa con tal de no ser judía." No es sólo en Estados Unidos donde prospera esta repudiable abominación. En Gran Bretaña algunos clubes de tenis y de golf excluyen a los judíos. Vaya, si algunos judíos la comparten: he conocido a más de un hebreo antisemita.

El hogar debe poder hacer algo al respecto. Si se trata de un hogar donde reina el amor, usted debe hablar francamente sobre la cuestión, ayudando a su hija a entender que la hermandad discriminatoria no tiene ninguna importancia en su vida, que sus compañeras de escuela son personas prejuiciosas con almas retorcidas. Debe sacar todo a la superficie y proporcionarle a la chica una perspectiva amplia de la existencia, de la existencia que no guarda ninguna relación con el credo, la clase o la raza.

Muchos miembros de los grupos minoritarios se sienten inferiores: los negros de Rhodesia, los judíos de Alemania, los portorriqueños de Nueva York. Cuando enfila hacia el Sur para radicarse y trabajar allí, ningún escocés se siente inferior a un inglés. Los escoceses se enorgullecen de su raza y los mejores judíos hacen otro tanto. Usted debe estimular a esa chica para que crea, no que forma parte del Pueblo Elegido, sino que forma parte de la misma raza que enriqueció al mundo con un Freud, un Einstein, un Jonas Salk, con grandes escultores y grandes pintores. La chica debe aprender que todos los antisemitas son individuos deficientes, inmaduros, frustrados, incapaces de amar y aptos sólo para el odio. Debe sentirse superior a las estúpidas muchachas que la menosprecian. Espero que no tarde en comprender cuán insignificantes y perversas son.

Todos adoptamos una actitud pasiva frente a los males del mundo. Sabemos que en Vietnam hay niños que mueren asados por los lanzallamas y las bombas de napalm; todos sabemos que en las cárceles norteamericanas y sudafricanas apalean a los negros. Cerramos los ojos para no ver la crueldad masiva del mundo y sólo nos indignamos y exasperamos cuando los diarios narran la historia de un perro azotado o hambriento. Una oveja negra que desafía a todo el rabaño sólo emite un débil be-be-be. El remedio último para un mundo enfermo consiste en la presencia de muchos individuos empeñados en desafiar el poder, en desafiar el odio, en desafiar la moralidad anacrónica.

LA ESCUELA

¿Qué puedo hacer con respecto a la educación norteamericana? Mi hija tiene 14 años y aborrece su escuela. Dice que allí menosprecian la originalidad, que la enseñanza es tediosa, que algunos de sus profesores son sarcásticos. ¿Qué puedo hacer para evitar que las presiones la conviertan en una mujer conformista, en una buscadora de prestigio y de grandes autos y de casas costosas y de una psicología muerta?

Señora, ojalá supiera lo que usted puede hacer. Si dispone de fondos para ello, puede enviar a su hija a una escuela privada más acorde con sus ideales. Si no puede pagarle una escuela privada, su hija está en aprietos. Sólo un hogar ilustrado y feliz puede contrarrestar el adoctrinamiento pernicioso y la chatura de la escuela común. Las cartas más tristes que escribo están dirigidas a muchachos y chicas que me cuentan hasta qué punto aborrecen sus escuelas. Les contesto que, por mucho que odien las lecciones y la forma en que están presentadas, el maldito sistema está en pie, y lo único que pueden hacer es rechinar los dientes y aceptarlo, y pasar el mal trago lo más rápidamente posible.

Los niños que me escriben son niños rebeldes, pero la inmensa mayoría nunca se rebela: acepta el adoctrinamiento. La docilidad determina que luego les resulte más fácil adaptarse a nuestra sociedad materialista. Y así es cómo la veneración del dólar todopoderoso se trasmite de una generación a otra. ¡Ay! Los padres de carácter moldeado no tienen ni el coraje ni la propensión necesarios para protestar contra un sistema escolar embrutecedor.

Pobre consuelo para usted, señora, y para su hija. Y tampoco le consolará saber que hay miles de padres que tienen su problema. Esta situación también se plantea en Gran Bretaña, con la diferencia de que hasta ahora no hemos caído en el insensato sistema norteamericano de administrar tests a los candidatos a un empleo, tests que aparentemente desnudan a hombres y mujeres. Un portavoz norteamericano de estos métodos dijo la otra noche en nuestra televisión que incluso investigan a la esposa del candidato, porque se supone que si es gruñona o neurótica el hombre no podrá concentrarse en el trabajo.

Por lo menos reconforta saber que muchos padres e hijos norteamericanos se niegan a participar en esta absurda carrera. Empiezan a evaluar con ánimo realista el delirante sistema del estudio forzado y los exámenes competitivos.

¡Llámenlo como quieran, pero no lo llamen educación!

Mi hija tiene ahora 7 años. Ha pasado un año en la escuela. La aborrece. Dice que sus maestras la maltratan. Conversé con su maestra y tengo la impresión de que no es un lucero en el firmamento de la docencia. Pero là ley de Massachusetts exige que mi hija vaya a la escuela, y las autoridades locales dicen que debe concurrir a la escuela a la que concurre ahora. El director de la escuela alega que si trasladaran a mi nena a otra clase se desquiciaría todo el sistema, porque en tal caso todos los otros alumnos de la escuela tendrían derecho a pedir que los cambiaran de clase.

De modo que mi chica está anclada en su odiado curso. Le escribo para implorarle algunas palabras orientadoras. ¿Qué puedo hacer con la chica, o qué puedo decirle para aliviar su suerte? Temo, entre otras cosas, que conciba un odio perpetuo contra el estudio o el trabajo escolar.

¡Ay, estas escuelas! El número de cartas que recibí de estudiantes norteamericanos, en las que me dicen que aborrecen sus escuelas, es incalculable.

Esta pobre chica es una víctima de la organización, la organización que coloca a la criatura en una categoría para simplificar lo más posible la tarea del maestro. Es sencillamente escandaloso que un niño de cualquier edad deba decir: "Odio mi escuela."

Temo que la producción en masa haya llegado para quedarse, tanto en el comercio como en la educación. Hay que vaciar a todos los niños en el mismo molde; hay que educarlos para que jamás discutan nada. Y si los chiquilines sufren en el ínterin, eso es algo que a nadie le importa. Lo único que vale es el sistema coactivo, la estandarización del carácter para que todos piensen en la misma forma, vistan en la misma forma, hablen en la misma forma. ¡La uniformidad ante todo! Y miles de pobres niños indefensos lloran y se sienten desgraciados en sus escuelas-fábricas.

Siempre la misma historia... "Odio mi escuela. Mis maestros hacen que todas las lecciones sean aburridas. No aceptan las respuestas que no figuran en el libro. Imponen un cúmulo de normas estúpidas, como la de que no debemos hablar en los corredores cuando pasamos de un aula a otra."

Es espantoso que se persiga así a los niños. ¡Vidas jóvenes trituradas por autoridades inmaduras, despreciables! ¡El amor natural al estudio, frustrado por una enseñanza tediosa! Dan ganas de llorar. Temo que la mayoría de los maestros odien su trabajo, odien a sus niños, se odien a sí mismos.

¡Qué egocentrismo! El profesor de matemática piensa que la matemática es el eje del mundo: para él es lo único que cuenta. El profesor de geografía piensa que saber cuál es la capital de Madagascar es más importante que jugar al béisbol.

Usted, pobre mujer, choca con el sistema que no sólo tolera a los maestros de pocas luces sino que aparentemente los prefiere. La educación será puro palabrerío mientras no poblemos nuestras escuelas con hombres y mujeres que amen y entiendan a los niños.

Bernard Shaw dijo en una oportunidad: "Quien puede, hace; quien no puede, enseña."

¿Cuántos maestros son realizadores? ¿Cuántos profesores de inglés escriben un buen libro en su vida? ¿Cuántos profesores de arte pintan un cuadro digno de ser exhibido? Creo que muchos de mis ex alumnos no quieren seguir la carrera docente porque son demasiado equilibrados, demasiado vivaces para ingresar en un sistema que los obligaría a convertirse en fanfarrones empeñados en exigir obediencia y sumisión.

¿Pero qué puede hacer usted, como madre? Sólo puede tratar de contrarrestar el estúpido sistema creando en su hogar una atmósfera de libertad para su hija.

Mis dos hijos, una nena de 9 años y un varón de 10, odian sencillamente la escuela del Estado. No estoy en condiciones de enviarlos a un instituto privado, y la ley no me permite retirarlos de la escuela. ¿Qué puedo decir, si yo misma estoy convencida de que su escuela no es progresista

y de que, en buena medida, es ineficaz? Supongamos que esté de acuerdo en que la maestra es una borrica, ¿les haré un favor si se lo digo? ¿O los haré desdichados?

Parece que ya son bastante desdichados. El hecho de que les diga que la maestra es una borrica no cambiará las cosas. Este problema me inquieta, porque aflora en muchas cartas que me llegan desde los Estados Unidos. Y me inquieta porque no le encuentro solución.

El Régimen *(Establishment),* la mayoría compacta, cree en el sistema; el Régimen disfruta de la autoridad necesaria para imponerlo. La chatura y el tedio de ciertas disciplinas escolares se trasmiten a los maestros, y en consecuencia las escuelas se llenan de hombres y mujeres de mentalidad estrecha, vanidosos, cuyo horizonte está limitado por el pizarrón y el libro de texto. Si quiere saber hasta qué punto está muerta la mayoría de los maestros, lea cualquier revista de pedagogía.

Generalmente las reformas se materializan tres generaciones después de propuestas por primera vez. Algún día regirán leyes sensatas en materia de homosexualidad, aborto, castigo legal... y educación. Hoy, la minoría debe conformarse con suspirar y soportar todas las idioteces que catalogamos como educación. La tragedia espantosa consiste en que la mayoría de los niños acepta las pautas absurdas de las escuelas, por lo que paga un precio terrible: la pérdida de su libertad interior. Nuestras escuelas producen una raza de almas muertas que está a merced de los políticos, los belicistas y los buscadores de lucro.

Usted, pobre mujer, vive en una trampa, y sus hijos parecen mariposas encerradas en un recipiente de vidrio. No puedo decirle una palabra de consuelo.

Pero usted debe comunicar a sus hijos exactamente lo que piensa y siente acerca de la escuela: es la única probabilidad que les queda de escapar al adoctrinamiento del Estado. Los reconfortará saber que tienen a su madre por aliada.

Odio mis clases. ¿Debo estudiar materias como geografía, historia, matemática, inglés? ¿Estos estudios me servirán para algo?

La que me hace esta pregunta es Sonia, una chica de 14 años que vive en Cleveland, Ohio. Si yo fuera un buen y respetable director de escuela, diría: "Sonia, querida criatura, eres demasiado joven para saber lo que te conviene. Enseñamos estas materias para que cuando crezcas seas una mujer culta. Estos estudios te ayudarán a razonar, sobre todo la matemática. La historia te enseña lo que ha sucedido antaño, y más adelante te servirá como guía cuando tropieces con situaciones difíciles."

Pero puesto que no soy un buen director de escuela, Sonia, repito tu interrogante y pregunto para qué le servirán estos estudios a alguien que no los emprende por su propia y libre voluntad. Hace muchos años, en la facultad, obtuve un puntaje del 95 por ciento en historia. Si hoy alguien me interrogara sobre los hechos más sencillos de la historia británica, sería incapaz de contestarle. ¿Por qué? Porque jamás me interesó dicha historia. ¿Para qué me sirvió todo ese estudio? El tiempo invertido en atiborrarme con datos inútiles me robó horas preciosas que habrían estado mucho mejor empleadas en actividades que entonces me cautivaban.

Sonia, a menos que te conviertas en maestra o

científica, nunca en tu vida resolverás una ecuación simple. A menos que ejecutes un trabajo muy especializado, nunca recordarás cuáles son los productos que exporta Cambodia y —después de rendir tu examen— tampoco querrás recordar cuáles son.

Posiblemente uno de los pocos detalles que se te grabarán sobre la historia norteamericana será el de que George Washington no sabía mentir. No te informarán que algunos de sus sucesores en la presidencia no han sabido decir la verdad.

La mayor parte de los temas que se enseñan en la escuela implican una pérdida de tiempo, tiempo este que es muy valioso para los jóvenes. Me gustaría que las escuelas se convirtieran en lugares creativos. ¿Pero qué podemos hacer tú y yo, Sonia? Los dos estamos en la misma trampa. Yo también debo enseñar ciertas materias en mi escuela porque así me lo impone el sistema de exámenes. Hoy todos los muchachos y chicas experimentan la presión de las escuelas. Todos saben que su futuro depende de la conquista de un diploma universitario.

Uno de mis viejos alumnos ya tiene 19 años. Su maestro dice que es un músico nato. Quiso ingresar en una academia de música de Londres. Lo rechazaron: no pudo aprobar las materias estándar del examen. Muy pronto Picasso no podrá ingresar en una escuela de arte.

Recibo muchas cartas lúgubres de estudiantes norteamericanos. "¿Puedo concurrir a 'Summerhill'? Odio mi escuela. Odio las lecciones tediosas y la enseñanza uniformada que ahoga cualquier tentativa de pensar con originalidad." Algunos agregan: "Mis maestros son sarcásticos."

Sólo puedo responder tristemente: Aguante los detestables estudios y espere con optimismo el día en que dejará la escuela y empezará su verdadera educación.

¿Por qué dice que una de las características necesarias para el maestro es el sentido del humor?

No sé por qué; sólo sé que sin humor uno se convierte en un peligro seguro para los niños.

El niño interpreta el humor como cordialidad, falta de pompa y falta de miedo; significa afecto por parte del adulto. Los niños en edad escolar no están habituados a los maestros que hacen ostentación de humor. Cuando le pregunto a un alumno nuevo, de 10 años: "Estoy buscando a Neill. ¿Sabes dónde está?", me mira como si estuviera loco. Hice la prueba con una niña de 11 que llevaba 3 años con nosotros. "No sé —dijo indiferente— hace un par de minutos dobló por esa esquina.

En la educación del niño casi no interviene el humor, un don inapreciable. Dígale a un estudiante que un polígono es un loro muerto* y es muy probable que nunca olvide el término.

Los niños pequeños tienen más sentido del chiste que del humor. Pregúntele a una chica de 10 años cuántos pies hay en una yarda (*yard*). Se lo dirá. Pregúntele luego cuántos pies hay en Scotland Yard y es posible que se quede mirándolo en silencio. Uno de mis alumnos, acostumbrado a las chanzas, respondió inmediatamente: "Depende de la cantidad de policías y dactilógrafas que haya en el edificio."

El humor denota igualdad. Se lo excluye premeditada-

* Juego de palabras intraducible. "Polly" es un nombre habitual de los loros (como "Pedrito" en español) y *"gone"* significa difunto. *(N. del T.)*

mente del aula porque es un elemento nivelador. El humor liquidaría el respeto que exige el maestro porque su risa, mezclada con la de los alumnos, lo haría demasiado humano.

He tenido muchos maestros que nunca criticaban a un niño por temor a hacerse impopulares. Terminaban perdiendo su popularidad. Los niños no se dejan engañar por las simulaciones y desprecian a los simuladores. Moraleja: el amor jamás se compra.

Los mejores maestros son aquellos que se ríen *con* sus alumnos. Los peores son aquellos que se rien *de* sus alumnos. Todos conocemos al maestro sádico que azuza a los niños para que se rían de uno de sus compañeros. Imaginen hasta qué punto se siente atormentada la víctima.

Me pregunto por qué el humor inspira desconfianza en tantas esferas de la vida. Dicen que el difunto Adlai Stevenson no consiguió llegar a la presidencia de los Estados Unidos porque era demasiado proclive a hacer chistes. Sospecho que todos los primeros ministros británicos estudian sus discursos con lupa para que nadie los acuse de ser tipos divertidos.

Cuando trabajaba como periodista en Fleet Street, me enviaron a reportear a George Robey, un comediante que me había hecho reír muchas veces desde el escenario. Pero cuando lo entrevisté personalmente comprobé que nunca en mi vida había conocido a un hombre más solemne y pesimista. ¡Qué sorpresa!

Lo que me recuerda la vieja historia del pobre hombre que fue a consultar al psiquiatra sobre su pesimismo. El médico le palmeo la espalda.

—Usted necesita que alguien le levante el ánimo —dijo—. Vaya a ver al gran cómico Garrick.

—¡Ay! —suspiró el paciente—. ¡*Yo* soy Garrick!

Un maestro sin sentido del humor es peligroso, porque el humor es una válvula de escape. Si un hombre no es capaz de reírse de sí mismo es un muerto en vida. Alguien escribió alguna vez que la mayoría de los hombres mueren a los 40 años pero que no los entierran hasta los 70. Debía de referirse a los individuos desprovistos de humor.

En la Biblia no hay una risa. Tampoco la hay en los textos escolares. A los niños les resultaría mucho más saludable ver *The Great Dictator* (El gran dictador) de Carlitos Chaplin que leer un libro de historia sobre Hitler y Mussolini.

El hijo de un amigo mío quiso abandonar sus estudios, pero el padre no se lo permitió. Aunque tenía malas notas consiguió completar el curso. Hoy, este muchacho estudia voluntaria y esmeradamente en una facultad de arquitectura en la que no podría haber ingresado si no hubiera completado el curso previo. Le está agradecido al padre porque este lo obligó a perseverar. ¿No es cierto que a veces un joven no puede juzgar lo que lo beneficiará a largo plazo y que es necesario obligarlo a hacer lo que no quiere?

¡Excelente pregunta, por cierto! Yo no sé cuál será la secuela, y a esta altura tampoco lo saben los demás. Y lo que importa es la secuela.

Hablando en términos generales, cuando es necesario obligar a un chico a hacer las cosas, ello implica que carece de fibra para decidirse por sí solo. Me gustaría saber qué iniciativa desplegaría en la vida si no contara con alguien, como un padre, que lo guiase.

En "Summerhill" nunca tratamos de influir sobre los

alumnos para obligarlos a estudiar. Si lo hiciéramos, el efecto sería nulo. Esta conclusión se basa sobre una vida de experiencia. Puedo imaginar casos en los que un puntapié en los fundillos serviría para azuzar a un chico, por lo menos al principio. Sin embargo yo debo pensar en el futuro. Veo un mundo lleno de personas obligadas a practicar profesiones y oficios que no eligieron por sí mismas. Y ese no es un mundo hermoso.

Cuando tenía 14 años, me enviaron a un lugar situado a 150 kilómetros de distancia para que trabajara como empleado en una fábrica de medidores de gas. Fracasé y me ubicaron como aprendiz de pañero. Yo odiaba ambos trabajos y tuve la suerte de zafarme de ellos, pero otros miles de individuos deben permanecer atados durante toda su vida a actividades que aborrecen. El mundo está lleno de hombres y mujeres dóciles, resignados, que pasan la vida odiando su trabajo. Pero no debemos dogmatizar. Es posible que el muchacho en cuestión se convierta en un triunfador. En tal caso, yo lo catalogaría como una excepción.

Es claro que los padres deben adoptar algunas decisiones por sus hijos: a qué escuela los enviarán, por ejemplo. Pero si después de escoger la escuela el padre dice: "Debes estudiar latín", se excede en sus derechos. El lema tradicional: "Somos mayores y sabemos lo que conviene" puede encerrar un trágico error.

"Yo sufrí en la vida porque no estudié idiomas modernos, e insisto en que mi hijo aprenda francés y alemán." En semejante aserto, ¿dónde termina la preocupación parental por el futuro del niño y dónde empieza la ambición personal?

Su pregunta alcanza a todo el sistema educacional. En la escuela se obliga a los niños no sólo a concurrir a clase, sino también a estudiar materias que no les interesan. Esto explica la existencia del Régimen, la existencia de millones de personas cuyas vidas están sometidas a sus empleos. El padre puede obligar a su hijo a completar un curso universitario, pero no puede obligarlo a ser creativo o feliz o equilibrado. La historia nos habla de pianistas famosos que en su infancia fueron obligados a interpretar durante horas, pero me pregunto cuántos de estos músicos fueron realmente seres humanos dichosos.

Cuando el padre obliga al hijo a seguir determinado curso, recurre a la fuerza. Pero debemos distinguir entre la fuerza y el consejo, entre la presión y la sugerencia. Hace pocas semanas me visitó un joven norteamericano que quería recibirse de maestro pero temía que lo aplazaran en los cursos porque estos eran muy aburridos. Me pidió consejo. Yo le contesté: "No doy consejos. Lo único que puedo hacer es mostrarte las alternativas. Dices que quieres enseñar a los niños. Muy bien, pero nadie te permitirá ser maestro si careces de los títulos oficiales. De modo que la decisión corre de tu cuenta, hermano." Esa no fue una perorata coactiva, fue una simple muestra de sentido común que el muchacho podía aceptar o rechazar.

Pero volvamos al joven arquitecto: ¿Al muchacho se lo crió con un régimen severo que engendró en él una rebelión inconsciente contra el padre? ¿Fue el miedo el que determinó que obedeciera la orden del padre y continuara estudiando? ¿El muchacho ambicionaba seguir una carrera no académica: ser artista, músico, actor?

Sí, sí, estoy dispuesto a admitir que en este caso el puntapié en los fundillos dio resultado. Pero prefiero una situación en la que *el muchacho* sabe lo que anhela de la vida, y en la que luego de comprender cuál es su meta atraviesa la bosta de la escuela para llegar hasta el punto donde puede aspirar el aroma de las rosas.

He asistido a demasiados despliegues de jactancia sobre las ventajas de la disciplina precoz. *"Cuando era chico mi padre me daba una paliza cada vez que me equivocaba y siempre le he quedado agradecido. Le debo lo que soy."* Nunca tuve el coraje necesario para preguntar con indulgencia: "¿Y qué *es* usted, exactamente?"

Mi hijo es un alumno talentoso de la escuela superior y dice que está ávido por estudiar medicina. Sin embargo no se consagra con verdadero esmero a sus tareas escolares. Estudia lo justo para aprobar. Si sus notas continúan siendo tan bajas nunca conseguirá ingresar en la facultad. ¿Cómo puedo hacerle entender, sin coaccionarlo, que su actitud actual influirá sobre su futuro?

En este panorama falla algo. Usted afirma que su hijo desea ir a la facultad pero lo cierto es que sus actos contradicen ese anhelo. Me parece que su deseo manifiesto no es más que una pose destinada a conformar a sus padres. O la pose puede consistir simplemente en lo siguiente: *Será mejor que haga lo que hacen los demás.*

En "Summerhill" he tenido alumnos que fueron a la facultad e incluso algunos que llegaron a profesores, pero en ninguno de esos casos intervino una presión o sugerencia externa. Esos chicos *sabían* lo que querían, y se esmeraron y abordaron las materias necesarias. El deseo de triunfar debe surgir de adentro.

Conozco a un muchacho de 19 años —que no estudia en mi escuela— cuyo padre es médico. El joven dice que también quiere ser médico. Pero no puede concentrarse ni en anatomía ni en fisiología. Tiene la mente fija en los autos y en realidad le gustaría montar un garaje. La familia tiene cuatro generaciones de médicos. Espero que el muchacho fracase en los exámenes y abra su garaje. Porque eso es lo que *realmente* desea.

Si su hijo quiere llegar a médico, estudiará. ¿Por qué se preocupa *usted*? Se trata de la vida de su hijo, y él la vivirá en función de *su* carácter, *sus* aptitudes y *su* ambición.

En nuestra sociedad enferma, envidiosa, los padres de clase media tienen demasiado a menudo una fobia: *"Si mi hijo no se gradúa en la universidad bajará en la escala social y terminará siendo un trabajador manual. Lo menos que pretendemos que sea es un trabajador de cuello duro. Queremos que triunfe en la vida."*

Cuando se evalúa la palabra "triunfo" se omite con demasiada frecuencia el factor de la felicidad personal. A un padre equilibrado le importará un bledo que su hijo sea taximetrero o potentado. Lo que le importa es lo siguiente: "¿Mi hijo es un hombre feliz? ¿Es un orgullo para la raza humana?" De todos modos a esta altura no es mucho lo que podrá hacer por el muchacho. Tenga la prudencia de dejarlo en paz.

Nunca tuve un alumno que sobresaliera en la universidad cuando su única motivación consistía en complacer a sus padres. Muchas veces tuve que decirle a un padre: "Mientras siga azuzando a su hijo para que apruebe exámenes, no los aprobará." Los padres deben confiar en sus hijos, deben confiar en la motivación de los jóvenes, y no deben empeñarse en volver a vivir sus vida por interpósita persona, en los presuntos triunfos de sus vástagos.

Probablemente su hijo tiene intereses vitales. Quizá su gran ambición consista en tocar la trompeta en una orquesta de jazz. Cualquiera que sea la vocación de su hijo, esta es más importante para él que la medicina.

Lo lamento, padre, pero el único consejo que puedo darle es: Déjelo en paz.

Usted dice que en "Summerhill" no se obliga a los niños a concurrir a clase. ¿Cómo es posible que los niños que no tienen el deber de asistir a los cursos puedan competir con los alumnos de las escuelas públicas que han sido forzados a estudiar sus materias?

Creo que la respuesta es obvia. En "Summerhill" mis alumnos estudian voluntariamente y por tanto estudian con esmero. En cambio, millones de alumnos de las escuelas públicas tienen la obligación de estudiar aunque aborrezcan la materia. Yo necesité 7 años para estudiar todo el latín que exigían en el curso de ingreso a la universidad. Uno de mis alumnos alcanzó el mismo grado de aptitud en 15 meses. ¿Cuál es la explicación? El muchacho *quería* saber latín. Yo no.

Muchas materias escolares son pesadas y aburridas para quienes no quieren estudiarlas. ¿Cuántos de mis lectores, y me refiero a los graduados de la escuela superior, pueden resolver ahora una raíz cuadrada o una ecuación de segundo grado? ¿Cuántos recuerdan algo acerca de la guerra del rey Felipe, que estudiaron cuando se suponía que debían de estar aprendiendo la historia colonial norteamericana? ¿A cuántos de ustedes les importa un bledo la guerra del rey Felipe?

Sin embargo el sistema de exámenes está en pie y es imposible eludirlo. Los muchachos y chicas de "Summerhill" saben que deben aprobar estos exámenes si quieren ingresar en la universidad. Cuando llega el momento de estudiar, se consagran a la faena con todas sus energías... siempre que quieran ingresar en la universidad, claro está. La libertad imparte coraje a los niños. Los niños que no están abrumados por la presión pueden enfrentar las dificultades cuando estas se presentan.

¿Los maestros no pueden aplicar los principios de "Summerhill" en una escuela pública común?

En una escuela pública la tarea principal consiste en estudiar materias. La asistencia a clase es obligatoria, los "duros" en matemáticas deben aguantarse y dar lo mejor de sí. Deben imperar la disciplina y el silencio. Pero los niños libres hacen mucho ruido. En una escuela convencional todo apunta contra el maestro: los edificios, la falta de espacio para el juego verdadero, el control, en verdad todo el sistema.

Cualquier maestro joven de una escuela de gran magnitud descubrirá que le resulta imposible apartarse sensiblemente del programa oficial, o incluso de las tradiciones y costumbres escolares. El maestro del sistema oficial no puede practicar la libertad en la medida en que le gustaría hacerlo. Es cierto que puede tomar el partido del niño, que puede eliminar los castigos, que puede aligerar en parte los deberes, que puede ser humano, que puede ser incluso alegre. Sin embargo, en el aula común, hacinada, este maestro desprejuiciado tropezará con toda clase de problemas.

Uno de nuestros viejos alumnos se convirtió en maestro de una escuela en la que había muchos chicos revoltosos. Me dijo: "Empecé poniendo en práctica las ideas de 'Summerhill" pero debí abandonarlas. Si era tolerante con un bravucón me tomaban por un débil de carácter y mi clase se convertía en un manicomio." Este joven maestro había tratado de combatir el sistema. Pero con pocas probabilidades de triunfo. Su director no habría tolerado el manicomio... ni siquiera después de escuchar el argumento de que el manicomio era sólo una etapa, y de que después de que la tensión se hubiera disipado los alumnos se habrían aplicado con el trascurso del tiempo a su verdadero trabajo.

El obstáculo que impide conceder libertad en una gran escuela pública reside no sólo en las autoridades, que no creen en la libertad, ¡sino en la mayoría de los padres, que tampoco cree en ella! Demasiados padres y madres imaginan la escuela como un lugar donde se inculca disciplina a sus vástagos rebeldes. Hace 50 años, en una aldea escocesa, fui testigo de esta actitud parental. Yo era un maestro joven y debí soportar los reproches de una serie de padres coléricos. "¡Mando a mi chico a la escuela para que aprenda sus lecciones y no para que juegue todo el día!"

En "Summerhill" podemos otorgar libertad porque esta es la condición con la que aceptamos a los muchachos y chicas. Además, muchos de nuestros padres creen en la libertad para sus hijos, y esta es precisamente la razón por la que eligen la escuela.

DEBERES ESCOLARES

Soy maestro. Si los deberes escolares son tan horribles, ¿cómo se explica que algunos de mis alumnos los pidan?

No tengo ninguna objeción contra los deberes escolares cuando son los alumnos quienes los piden. Claro que no.

Si una de mis alumnas me pide que le plantee algunos problemas de geometría para resolverlos durante la tarde, me siento muy feliz. Lo que critico es que a los chicos les impongan muchas horas de labor nocturna en torno de materias por las que no sienten un interés intrínseco. La prueba de fuego consiste en que en casi todas las escuelas habría grandes festejos si se eliminaran los deberes.

Mi hija de 11 años no quiere hacer sus deberes y se está atrasando en la escuela. Si le hicieran repetir el grado se sentiría muy desdichada. ¿Debo estimularla para que estudie o debo dejar que la aplacen?

Mujer, usted *no puede* estimularla.

Ella ya sabe cuáles serán las consecuencias y ha optado. Su hija tiene vitalidad y despliega una sana crítica contra el sistema al negarse a participar en él.

¿Cómo puede remediar usted, como persona aislada, una situación en '` que su hija es víctima de un sistema bárbaro? ¿A quién le han rendido algún provecho los deberes? El estudio en el hogar, impuesto a una criatura, es un estudio MUERTO. Este estudio coactivo quita horas al juego. Su hija odia los deberes porque estos no encajan en su concepción de la vida.

Se me ocurre una idea. Quizá su hija no tiene pasta de erudita. Quizá su vocación natural no se orienta hacia el estudio. ¿Es justo que usted le imponga sus propios valores y ambiciones? Sería mucho mejor que se convierta en un ser humano feliz, sin título universitario, y no en una joven desdichada y neurótica, trabada en lucha con sus anhelos interiores y armada sólo con un diploma.

EDUCACION SEXUAL

¿Cómo se debe encarar la cuestión sexual?

Hay sólo dos formas de encarar la cuestión sexual. Una es la forma moral o religiosa: el sexo es pecaminoso, censurable, sucio. La otra es la forma realista.

En la escuela la educación sexual debe impartirse con medias tintas. Los padres nunca soportarían una lección que abordara la parte emocional del sexo, ni una disertación que describiera claramente la dicha del coito. Está estipulado que la escuela sólo debe encarar los detalles más elementales de la fisiología. Personalmente, opino que si la enseñanza sexual debe asumir un tono tan frío, no se justifica su inclusión en el programa.

Desde el punto de vista de la seguridad, las chicas sólo deben aprender que cuando se copula sin anticonceptivos puede producirse un embarazo; y a las personas de ambos sexos se les debe repetir hasta el cansancio que las enfermedades venéreas existen realmente y son peligrosas. En una sociedad sana no sería necesario impartir ninguna instrucción sexual: el tema afloraría libre y naturalmente en la educación doméstica, antes de la adolescencia, y los padres lo encararían, asimismo, libre y naturalmente.

No creo que al adolescente se le deban dar demasiados

datos acerca de las técnicas de la copulación. Una de las delicias del sexo consiste en el descubrimiento de dichas técnicas.

Casi todos los niños reciben su información sexual de otros niños. La mayor parte de la información recibida por esta vía está distorsionada y es pornográfica y sádica. Como consecuencia, demasiadas noches de bodas se convierten en una experiencia de violación, y demasiadas mujeres casadas sienten horror al sexo desde esa primera noche.

MASTURBACION

Mis pequeños han empezado a ejecutar juegos genitales entre sí y con los niños de la casa de al lado. Los he regañado y les he pegado. ¿Cómo puedo disuadirlos?

Todos los niños practican juegos genitales en un momento u otro... generalmente con un sentimiento de culpa porque los padres los catalogan como un pecado en razón de que los adultos también asocian el sexo con dicho sentimiento de culpa. ¿Cuántos hombres impotentes y mujeres frígidas deben su infortunio al hecho de que en su infancia los castigaron por practicar juegos genitales? Los padres prudentes dejan a sus hijos en paz y no prestan atención al juego genital. Los padres doblemente prudentes sonríen y lo aprueban.

Si los niños se hicieran cosquillas los unos a los otros en la nariz los padres sonreirían. ¿Qué tienen de malo las cosquillas genitales? ¿Por qué los órganos genitales son atroces? El sexo ha venido para quedarse. El sexo causa placer. Así lo ha dispuesto la naturaleza para asegurar la perpetuación del animal humano.

Cuando los padres aprueban los juegos genitales, el niño no queda fijado en esta única fuente de placer. Pero la mejor forma de convertir la masturbación en un complejo de culpa que perdurará hasta la edad adulta consiste en rotularla como algo perverso y sucio. El niño que se masturba o practica juegos genitales con la aprobación parental tiene las mayores probabilidades de convertirse más tarde en un buen amador, un amador tierno y dichoso. La infelicidad sexual del mundo proviene primordialmente de la antisexualidad parental. Si no cree en la existencia de la infelicidad sexual, lea los informes de Kinsey, que son una denuncia contra la hipocresía.

De vez en cuando, mi nene de 5 años se masturba. Ni mi esposo ni yo hemos tratado de controlarlo. No piensa que sea algo malo o vergonzoso. En algunas oportunidades juega con sus órganos genitales delante de las visitas, y esto nos pone incómodos a mi esposo y a mí. ¿Cómo debemos encarar el problema?

En circunstancias parecidas un psicólogo amigo mío le dijo a su chico de 6 años: "Tommy, a tu mamá y a mí nos gusta que juegues con tu pipí, pero no debes hacerlo delante de extraños porque ellos piensan que es malo jugar con el pipí. Nosotros *no* pensamos así. De modo que juega con tu pipí tanto como quieras, y siempre que quieras, cuando estemos solos y no haya visitas."

Quizás un chico de 5 años no tiene el refinamiento necesario para captar estos matices, pero vale la pena probar.

Mi hija de 4 años practica con frecuencia juegos genita-

les. Tengo entendido que esto es común en los varones, ¿pero no es anormal en las chicas?

Los juegos genitales son tan comunes entre las nenas como entre los varones, con la diferencia de que en las primeras son menos visibles. A veces las nenas se frotan contra el borde de una mesa, u obtienen una sensación sexual al montar sobre un caballito-hamaca, o simplemente se cosquillean la vagina debajo de las cobijas. Una madre prudente no se lo impedirá jamás.

NUDISMO

Mi esposo y yo tenemos ideas muy categóricas acerca de la santidad y la dignidad del cuerpo humano. No somos partidarios de ocultar nuestros cuerpos detrás de las ropas. Tenemos la costumbre de caminar desnudos por la casa. Algunos de mis amigos alegan que el hecho de criar a un niño en una atmósfera de desnudez puede producir reacciones sexuales desfavorables. ¿Usted comparte esa idea? ¿Cree que será perjudicial que mi chico de 1 año y sus hermanas de 2 y 9 años vean sus respectivas desnudeces?

Estimada señora, ¿por qué escucha a sus amigos antivida? Es gente con complejos sexuales, para la que el sexo es sucio y malo.

"*¡Reacciones sexuales desfavorables!*" ¿Qué quieren decir sus amigos? ¿Qué tiene el sexo de desfavorable? No les preste atención, señora. No haga caso a los muertos. La desnudez en el hogar es excelente, natural.

Más tarde sus hijos se evitarán muchas manifestaciones de sexualidad enfermiza. Es inconcebible que uno de ellos se convierta en un fisgón: habrán visto todo lo que hay que ver. A diferencia de muchos adolescentes reprimidos, no lanzarán risas obscenas cuando aparezca sobre la pantalla del cine un pecho o un muslo de mujer, un corpiño, o un inodoro.

MASCULINIDAD Y FEMINIDAD

¿Cree que los muchachos y las chicas tienen por naturaleza gustos distintos?

Sí. En otra época pensaba que los gustos eran producto de la costumbre y la educación. Las chicas lavaban y preparaban las camas en tanto que no se pretendía que los varones hicieran nada en la casa. Esa era la moda cuando yo era chico. Los varones manipuleaban las piezas de las bicicletas; las chicas no lo hacían nunca. Las chicas cosían y tejían en tanto que sus hermanos jugaban a las bolitas. Pensé que cuando ambos sexos gozaran de libertad estas diferencias se borrarían. Me equivoqué.

Los chicos de "Summerhill" reparan bicicletas, hurgan en los receptores de radio, fabrican objetos en el taller: pistolas, espadas, barcos, aviones, cajas. Es poco frecuente que una chica entre en el taller o que un varón más crecido asista a la clase de bordado. Los alumnos de ambos sexos fabrican vasijas en el taller de cerámica y bandejas de cobre martillado en la herrería. No hay muchos detalles que los diferencien durante las clases, pero podría contar con los dedos de una mano a las chicas que se inclinan por la matemática. A unas pocas les gusta el álgebra, pero la mayoría le escapa a la geometría.

A los alumnos de ambos sexos les gusta bailar, pintar, representar piezas teatrales, participar en juegos sociales. Muchos varones construyen chozas en los árboles; algunas chicas también lo hacen. Los varones excavan fosos y los conectan entre sí mediante pasajes subterráneos; las chicas jamás lo hacen. La libertad no altera las predilecciones innatas de los sexos.

MENSTRUACION

¿Cuándo convendrá que le explique a mi hija lo que son los períodos?

Bastante tiempo antes de que deban aparecer. Conozco casos de chicas que se espantaron y creyeron que iban a morir desangradas.

CIRCUNCISION

No soy judío, pero muchos de mis amigos gentiles hacen circuncidar a sus hijos. ¿Debo imitar el ejemplo?

¿Por qué? ¿Por razones médicas? Cualquiera que sea su historia, la circuncisión es una castración simbólica. El rito apunta a debilitar el sexo del niño. Los discursos sobre la prevención de las enfermedades venéreas no son más que racionalizaciones.

¿Hay pruebas de que los no circuncisos sean mas proclives que los circuncisos a contraer enfermedades venéreas? La circuncisión es una costumbre cruel y bárbara que ningún padre humanitario debería tolerar. Los salvajes se mutilan el rostro; algunos de ellos se perforan la nariz con aretes; y nosotros, los miembros de las razas superiores, nos burlamos de sus chiquilladas. ¿Somos menos salvajes cuando mutilamos el pene de una criatura?

En consecuencia, mi querido consultante, le aconsejo que no se deje influir por las ideas de sus vecinos ni, ya tocamos el tema, por lo que dicen los especialistas. Toda mutilación causa vergüenza y sentimientos de inferioridad. Los hombres que perdieron un ojo o una extremidad en la guerra sufren en general una gran turbación. Como caso extremo, imagine el estado de ánimo de un hombre que transita por un campamento nudista luciendo un braguero. Incluso las prótesis dentales se convierten en un factor de vergüenza para muchos individuos. En más de una oportunidad he tenido alumnos circuncisos que se negaban a desvertirse delante de otros chicos. Estoy convencido de que el joven circunciso puede pensar inconscientemente que ha perdido algo, que ha sido privado de algo muy importante.

No, no le haga a su pequeño nada que más tarde pueda reducir su sensación de hombría.

ANTICONCEPTIVOS

Mi hija adolescente quiere tener experiencias sexuales. ¿Debo equiparla con diafragma?

Querida señora, puede negarse y luego tendrá un dolor de cabeza cada vez que su hija salga con un amigo. Vivirá con el temor de que quede embarazada. Cuando vaya a una fiesta la espantará la idea de que beba demasiado y se meta en la cama con un muchacho igualmente borracho. Es cierto que aunque usted la equipe con el diafragma el problema continuará en pie, porque podrá no llevarlo siempre consigo.

Podría darle "la píldora", ¿pero en ese caso usted se sentiría feliz? Lo que determina que usted se preocupe tanto es su actitud negativa, su temor al sexo. Lo más importante es que su inquietud se trasmite a su hija y le produce una sensación de culpa. No sólo está frustrada por un deseo sexual reprimido, sino que lucha sin cesar contra los valores que usted le ha inculcado, valores estos que chocan con los de ella.

El sexo debe encauzarse en alguna dirección. Si se le corta la vía natural de desahogo puede tomar el camino de la masturbación, que nunca es totalmente gratificante. La sexualidad natural implica dar y recibir y sentir ternura. O su sexualidad podría sublimarse, por lo menos aparentemente. O la barrera podría romperse y la chica se encontraría súbitamente en un aprieto.

Comparados con Suecia, los Estados Unidos marchan muy a la zaga de nuestra época. En Suecia no es vergonzoso tener un hijo ilegítimo, y el Estado distribuye imparcialmente sus pensiones entre las madres casadas y las madres solteras. Tengo la impresión de que los Estados Unidos viven asustados: con miedo al comunismo, al sexo, al bajo status, a los escasos ingresos y, lo que es peor, miedo a que los jóvenes desafíen las opiniones y los deseos de los viejos.

En los Estados Unidos la familia puede ser una institución compulsiva muy peligrosa, y me refiero no sólo a la familia que imparte adoctrinamiento religioso, sino también a la familia liberal, a la que participa en las manifestaciones contra la guerra de Vietnam, a la que lucha contra la discriminación racial y contra las leyes de divorcio anacrónicas. En no pocas oportunidades estas familias asumen respecto de los niños la misma actitud represiva que caracteriza a las familias más conservadoras. Estos padres "liberales" también quieren guiar a sus hijos: *Somos mayores que ustedes, y tenemos más experiencia, y sabemos mejor lo que les conviene.*

No estoy de acuerdo. Estos padres no saben lo que les conviene a sus hijos. Esta es la razón por la que tantos hogares, aparentemente bien organizados, pierden a sus hijos y nunca vuelven a encontrarlos.

Si yo estuviera en su lugar no titubearía en llevar a mi hija a un médico para que este le brindara un asesoramiento completo en materia de anticonceptivos.

Por otra parte, en más de una oportunidad he visto a madres que intentaban imponer a sus hijas la experimentación sexual. He oído gritar a una chica de 16 años: "Mamá, te repito que todavía no quiero tener una vida sexual." Generalmente estas madres son mujeres que pretenden compensar su actitud inhibitoria previa postulando una libertad sexual de la que se valen para tranquilizar sus conciencias, una libertad que a menudo no encuentra eco en razón de las enseñanzas maternas anteriores. Estas madres se equivocan cuando presionan a sus hijas. *La sexualidad no se debe manejar mediante presiones, ya sean estas estimulantes o represivas.* La sexualidad es muy personal. Ningún ser humano debe dictarle a otro su programación sexual o su reacción sexual.

Una chica de 20 años le dijo a su madre: "En mi grupo parece que todas las chicas se acuestan con muchachos. Mis amigas se burlan de mí porque no quiero hacerlo. Empiezo a pensar que debería hacerlo para integrarme al grupo."

Este es un caso de presión colectiva: una situación

penosa. Trae a colación el problema de la sexualidad promiscua, de la sexualidad sin amor ni ternura. Pero debemos esforzarnos por no moralizar. Una pareja joven puede cohabitar sexualmente con gran placer aunque no haya amor mutuo. Sin embargo en la vida sexual del joven o la joven que buscan contactos fortuitos debe de faltar algo valioso, llamémosle amor, o ternura, o lo que sea. En la promiscuidad no puede existir un placer permanente. Las chicas se dan cuenta de esto cuando hablan de "tener una relación fija", en parte, por supuesto, porque la relación fija supone la posibilidad de matrimonio. Las relaciones amorosas más felices que he conocido fueron aquellas que tenían una dosis de estabilidad. No es previsible que los Casanovas y Don Juanes den a una muchacha algo parecido al goce pleno.

Volviendo a su pregunta: el muchacho o la chica deben poder practicar libremente, cuando quieran, su vida sexual. Sin la aprobación de sus padres esta vida sexual podría estar empañada por la culpa; sin anticonceptivos sería peligrosa.

HOMOSEXUALIDAD

¿Piensa que la homosexualidad es mala o pecaminosa?

Por supuesto que la homosexualidad no es un pecado. El individuo no puede controlar sus gustos y aversiones innatos. Puede controlar la conducta, pero no los sentimientos. La ley que envía a los homosexuales a la cárcel es una ley bárbara.

¿Acaso yo emplearía como maestro de mi escuela a un homosexual o a una lesbiana? No. Pero esto no implica que la homosexualidad sea mala, sólo implica que es molesta. Porque en el estado actual de la sociedad el homosexual es un paria: debe disimular su naturaleza. En razón de la actitud de la sociedad pocas veces es feliz. Debe mantener oculta y extraviada su vida sexual y corre constantemente el riesgo de que lo chantajeen.

Todos somos bisexuales. Todos somos en parte hombres y en parte mujeres. La heterosexualidad es la norma, la base biológica de la vida. Pero nadie que tenga una actitud sana respecto del sexo condenará al homosexual o se sentirá espantado por la homosexualidad. Está claro que la actividad homosexual privada no puede perjudicar a nadie que no participe directamente de ella. ¿A qué se deben entonces la alharaca y las sanciones penales contra los adultos que la practican con pleno consentimiento?

Nuestra sociedad padece grandes males: las absurdas leyes de divorcio, la cruel legislación contra los homosexuales, las leyes que prohíben el aborto (a pesar de que todos los años se practican miles de abortos clandestinos y peligrosos). Pero si un parlamentario apoyase una ley humanitaria respecto del aborto podría perder los votos de los católicos o de los bautistas o de quien fuera. Es por esto que se necesitan por lo menos tres generaciones para abolir legalmente males espantosos.*

Mi hijo, William, que ahora tiene 17 años, fraterniza con un grupo de muchachos que me producen una mala impresión. Algunos de ellos parecen afeminados. No tengo pruebas directas de homosexualidad o de mala conducta de

* No obstante los problemas de orden práctico que enumera el autor, el Parlamento británico ha introducido recientemente las reformas que se propugnan en esta carta: simplificación de los trámites de divorcio, autorización de las relaciones homosexuales entre adultos que las practiquen con consentimiento mutuo, legalización del aborto. *(N. del T.)*

cualquier otra índole, pero tengo mucho miedo de que mi hijo se deje seducir y se convierta en homosexual. Actualmente estas prácticas están muy difundidas en nuestro país. ¿Hay algún medio para detectar estas tendencias en mi hijo? Y si lo hubiera, ¿podría hacer algo al respecto?

No podrá hacer nada con charlas o consejos. Todos nosotros tenemos un potencial homosexual y hay muchas situaciones que estimulan este componente: la peor de todas reside en nuestro sistema de escuelas segregadas. El sexo debe encauzarse en alguna dirección. Con demasiada frecuencia las relaciones homosexuales nacen en condiciones de segregación sexual. Pero la homosexualidad también puede desarrollarse en las que se han dado en llamar escuelas mixtas, donde los varones y las chicas sólo se juntan en las aulas. A mi juicio el mejor sistema para contrarrestar la homosexualidad consiste en la verdadera educación mixta.

Nadie sabe con exactitud qué es lo que determina que un hombre se convierta en homosexual o una mujer en lesbiana. Una teoría muy difundida dice que el muchacho tiene un padre que no desempeña correctamente su papel y se ve obligado a encauzar demasiado cariño hacia la madre; entonces el factor "incesto" convierte a la madre en tabú y dicho tabú se trasmite indiscriminadamente a todas las mujeres. Pero he observado a menudo que un homosexual que no presta ninguna atención a las chicas es muy atento y tierno con las mujeres mayores.

Ningún padre está en condiciones de abolir los centros que tienden a estimular el elemento homosexual: los ejercitos, las escuelas segregadas, las prisiones.

Cuando usted aduce que su hijo pasa la mayor parte del tiempo con una pandilla de jóvenes me siento obligado a conjeturar que se siente desvinculado de usted y que se rebela contra su autoridad. Me atrevo a afirmar que la mayoría de los homosexuales de ambos sexos provienen de hogares infelices. Lamento tener que decirle que a esta altura de los acontecimientos es poco lo que usted puede hacer respecto de la incipiente homosexualidad de su hijo. Es posible que la psicoterapia ayude al muchacho a vencer lo que usted teme.

LA INFLUENCIA SOBRE LOS HIJOS

¿Los padres siempre tienen la culpa? ¿Todos los chicos con problemas son producto de un trato equivocado?

Sin duda la mayoría de estos niños parecería provenir de hogares infelices, pero nos encontramos con algunos niños alterados que aparentemente salen de hogares dichosos. No sé, por ejemplo, cómo se explica que dos hermanos gemelos sean muy distintos entre sí. Tom es sociable y sincero, en tanto que Bill es un pequeño sádico. Es por esto que digo a menudo que la psicología está en la Edad de Piedra.

He visto a un hijo de 7 años de una pareja inteligente, moderna, que por su aspecto recordaba a un torturador de la Gestapo: facciones duras, ojos crueles. Parecía no tener piedad... peor aún, daba la impresión de que nunca podría aprender lo que era la piedad. A ese chico le deleitaba atormentar animales. Sus padres le habían dado cariño y toda la libertad que permitía su entorno. Lo triste es que, aunque conociéramos las causas, es poco o nada lo que podríamos hace en semejante caso. Una lesión inadvertida durante el parto, una caída temprana, una deficiencia glandular... cualquiera de estas podría ser la causa.

No conozco ningún tratamiento capaz de incidir sobre los factores desencadenantes de este tipo. Cuando fundé "Summerhill" imaginaba que la psicología podía curarlo todo. Acepté alumnos con lesiones de nacimiento, alumnos con enfermedades de sueño, alumnos que caminaban hacia atrás. No conseguí nada. Si otros han logrado algo con enfermos de esta índole me encantaría saber cómo lo hicieron.

Tomemos el caso de un niño indeseado, un niño cuyo nacimiento siguió a una tentativa frustrada de aborto. Si semejante criatura odiara la vida, ¿qué podríamos hacer al respecto? Alguien podría pensar que estoy dando una coartada a los padres: *Nos tocó un mal hijo y no tenemos la culpa.* ¡Ay!, en la inmensa mayoría de los casos los padres *tienen* la culpa. Posiblemente los peores padres son aquellos que claman: "Hemos hecho por el chico todo lo que estaba a nuestro alcance y es un palurdo y una desgracia para nosotros." De ningún modo. Muchísimos niños con problemas sufren las consecuencias de las represiones, los odios ocultos y las frustraciones de los padres.

Estoy esperando mi primer hijo. He leído en "Summerhill" su teoría de que los temores de la madre embarazada se trasmiten al hijo que lleva en el útero. Pero todo esto es inconsciente, ¿verdad? Siendo como soy, ¿qué puedo hacer para no trasmitir mis temores a mi hijo nonato cuando me doy cuenta de que sufro grandes ansiedades?

Sólo dije, si mal no recuerdo, que es posible que cuando una mujer no quiere alumbrar a un hijo su preocupación inconsciente afecte a la criatura y le haga temer la vida desde el principio. No tengo pruebas acerca de la validez de esta teoría. Puede ser totalmente falsa.

Todo hombre y toda mujer sufren alguna forma de ansiedad. La mujer que no desea alumbrar a un hijo puede odiar al padre, o puede tener miedo de perder la silueta. Si se trata de un hijo ilegítimo, puede temerle a la opinión pública, o puede hacer vanos esfuerzos para practicarse un aborto. Pienso que si una mujer embarazada tiene miedo de volar en avión, sus temores no afectarán al hijo que lleva en su seno. No lo sé con certeza; nadie lo sabe. Y corre por mi cuenta la conjetura de que el temor al mismo alumbramiento puede impartirle al niño un sentimiento antivida desde el momento del parto. Si usted, estimada señora, desea alumbrar a su hijo, no tiene motivos para preocuparse.

Lamento haberle causado esta inquietud. Pero alégrese: por lo menos tiene conciencia de sus ansiedades. Las ansiedades reprimidas son las que tienden a ser más peligrosas.

Nuestra hija tiene 21 años. Está en París estudiando arte. Ya hace dos años que está allí y no quiere regresar. Mi esposo le envía una pensión semanal con la que se mantiene. La visitamos hace poco tiempo y comprobamos que está seriamente consagrada a sus estudios, que se siente muy feliz y que le horroriza nuestra insistencia en el hecho de que pasó suficiente tiempo afuera y debe volver a Estados Unidos. Mi esposo opina que ella tiene derecho a vivir su vida, pero por su misma naturaleza nuestra hija no se atreve a pedir que respaldemos económicamente la vida que ha elegido. Sé que si mi esposo suspendiera los envíos de dinero ella se instalaría en una buhardilla, buscaría un empleo de baja categoría y se mantendría sola. Tiemblo al imaginar a mi hijita viviendo en condiciones tan duras y me resisto a aceptar la sugerencia de mi marido. El dice que nuestra hija debe madurar y enfrentar la realidad.

Cuando pienso en lo que le sucederá se me eriza la piel. ¿Quién tiene razón... mi esposo o yo?

Pienso que su esposo se equivoca. Si la chica es dichosa en París, ¿por qué su esposo no está contento, incluso alborozado? ¿O su cariño es posesivo? No está claro si le mezquina el dinero o si piensa que su hija no tiene derecho a ser feliz... a menos que lo sea en las condiciones que *él* estipula.

¿Y al fin y al cabo por qué no vuelve a su casa? Posiblemente su vida en París es tan fascinante que el regreso a un medio suburbano, convencional, se le aparece como un infierno. Su negativa puede implicar una protesta contra un padre que quizá le hizo sentir el peso de su autoridad durante toda su vida.

A menudo el dinero es un sucedáneo del cariño. Son muchos los hijos no queridos que reciben regalos costosísimos de sus padres. En este caso, si el dinero significa amor, el padre quiere privarla de ese amor. Si el padre fuera un hombre relativamente pobre, se justificaría que le pida a su hija que se mantenga sola, pero intuyo que su esposo cuenta con medios para sustentarla.

Repasemos la situación. El Sr. X tiene una hija que es feliz en Francia. El es un norteamericano convencional que respeta los símbolos de status. Quiere tener a su hija en casa para que se luzca en el Cadillac familiar, para que sea la anfitriona de sus relaciones comerciales, para que participe en sus actividades sociales de rutina. "Si mi hija se queda demasiado tiempo afuera —conjetura— mis amigos empezarán a pensar que algo anda mal en su hogar. Es posible que en Francia se enamore de un artista melenudo, barbudo y pobre. Pero yo quiero que se case con un joven ejecutivo y que viva con todas las comodidades que puede comprar el dinero."

Su marido debería preguntarse: "¿Quiero o no quiero a mi hija? Si la quiero, entonces le enviaré su pensión mientras la necesite. Si la quiero, le permitiré elegir el tipo de vida o el tipo de compañero què más le guste. No la coaccionaré para que viva *mi* tipo de vida."

CARRERA

He montado un buen negocio y, naturalmente, quiero que mis hijos lo atiendan cuando yo muera. Uno de ellos quiere hacerse actor y el otro quiere volar. ¿Qué puedo hacer?

Nada, ¡absolutamente nada! Hace 60 años, sus hijos habrían hecho lo que papá les hubiera ordenado, y habrían ingresado en su negocio. Puesto que este no les interesa, probablemente lo habrían arruinado.

Al fin y al cabo, ¿qué les ofrece el negocio? Seguridad económica, pero probablemente a expensas de estancamiento intelectual.

Sus hijos quieren abordar una vida activa. Por otro lado, usted pretende darles seguridad. Es una simple cuestión de preferencias: una mansión en White Plains con tres autos y una ronda social de frivolidades... o un mundo de aventuras en el estudio cinematográfico o en el aire.

Sin embargo el asunto no es tan sencillo, después de todo. Un hombre trabaja afanosamente para montar un buen negocio. Lo levanta, es su criatura, le tiene una estima posesiva. Le angustia pensar que su creación morirá con él. Entiendo lo que usted siente. Yo levanté

"Summerhill". Me parece un lugar maravilloso. Pero si mis herederos decidieran convertirlo en una academia de equitación la idea no me inquietaría, porque yo habría muerto y no podría sufrir el desencanto. Su caso es distinto. Usted está vivo y ve cómo sus hijos reniegan de lo que fue el fruto de sus esfuerzos. Probablemente usted disfrutó de muchos años de dicha mientras levantaba su negocio, lo que prueba que es mejor viajar con ilusiones que arriba a la meta.

Pero si sus hijos buscan otro camino hacia la felicidad, usted, señor padre, debe conformarse con empuñar la botella de whisky, sonreírle al vaso y decir: "*Yo* hice lo que quise. Ellos tienen el mismo privilegio."

En verdad, es posible que cada uno de sus hijos logre por su vía más que usted por la suya propia. Muchos hijos se dedican a los negocios y viven vidas minúsculas, rutinarias. ¿Para qué? ¿A cambio de la seguridad, de la respetabilidad, del status del hombre pequeño? Deberíamos regocijarnos cuando los jóvenes se apartan del camino transitado y van en busca de la vida exuberante.

Mi esposa y yo somos músicos y consagramos nuestras vidas a este arte. Nuestro hijo tiene 8 años, edad suficiente a mi juicio para estudiar violín. No nos pidió que le diéramos lecciones. Cada vez que abordo el tema él habla de otra cosa. Sé que para que sea un buen músico deberá iniciarse de joven. ¿Conviene que lo presione para que toma lecciones de música? Pienso que es demasiado chico para saber lo que es bueno para él.

Pero señor padre, ¿sabe *usted* lo que es bueno para él? Es posible que la música no le interese en absoluto. Sería un crimen obligarlo a tocar el violín contra su gusto.

Usted aceptó la falacia de que puesto que la música le causa un goce también debe causárselo a su hijo. "¡Ajá! —digo yo—. ¡No es tan sencillo!" Bautice a un chico Beethoven Mozart Jones... y es posible que se convierta en boxeador.

No tenemos derecho a modelar la vida de un niño. Durante muchos años he oído, hasta hartarme, el siguiente argumento: *"El chico no sabe bastante. Si no le enseño música o arte o poesía es posible que en los años posteriores sienta esa carencia."* ¡Pamplinas! Si el niño es un Bach nato nada lo apartará de la música.

No sé por qué el argumento falaz gira casi siempre en torno de la música. Nunca oí que un padre dijera: "Debemos obligar a nuestro hijo a estudiar biología, para que más adelante no nos reproche su falta de conocimientos sobre este tema."

Yo dictaba clases en una escuela de Londres donde era alumno el concertista Solomon. A los 7 años nadie podría haberlo alejado del piano. ¿Qué habría sido de él si sus padres se hubieran empeñado en hacerlo astrónomo?

Esta tendencia de los padres a moldear los gustos de sus hijos implica un grave error. Alimento la aguda sospecha de que este chico ha escuchado en su vida tantos acordes de piano y violín que le gustaría vivir en un mundo silencioso.

Padre, si obliga a su hijo a estudiar violín quizá lo lamentará durante el resto de su vida.

CENSURA

¿Debo censurar las lecturas de mi hija? Tiene 15 años y trae a casa libros que me parecen objetables.

Si quiere que ella refine su gusto por la pornografía, no titubee en vetarle libros. Recuerdo el día en que nuestros padres nos prohibieron la lectura de *Tess of the D'Urbervilles,* de Hardy. Todos los devorábamos en secreto.

La censura es una estupidez flagante. Si Mary no conoce una palabra obscena de uso popular y la encuentra en un libro, no significará nada para ella. Si ya la conoce, la lectura no la corromperá.

La censura denota miedo al sexo y nada más. Cuando en el hogar impera una mentalidad liberal respecto del sexo, ningún libro o película es peligroso. La censura es una prolongación del embuste parental, de las viejas tradiciones que mentían acerca de los Reyes Magos, y de los disparates sobre la locura como secuela de la masturbación. Quizá la censura podía funcionar hasta cierto punto en los tiempos victorianos, pero hoy no resulta. La juventud sale ganando con la libertad de decidir por sí misma qué es lo bueno y qué es lo malo. ¡Con cuánta lentitud progresa el mundo! Algunos padres no están mucho más adelantados que las damas victorianas que enfundaban las patas de los pianos. ¡Ahora se desarrolla en Estados Unidos una campaña encaminada a obligar a los dueños de animales domésticos a ponerles pantalones en salvaguardia de la decencia! Este proyecto me parece tan absurdo que me siento tentado de catalogarlo como la idea de algún bromista sarcástico.

La biblioteca escolar de "Summerhill" contiene *Lady*

Chatterley's Lover (El amante de Lady Chatterley), *The Tropic of Cancer* (Trópico de Cáncer), *Fanny Hill.* Nunca veo que mis adolescentes los lean. La ley hace el crimen y la censura hace la pornografía. Y la pornografía continúa nutriendo a una humanidad enferma.

Mis chicos están locos por las historietas. He leído que estas no son buenas para los niños. Sin embargo en mi hogar no he visto que tengan consecuencias nocivas. ¿Qué opina usted?

Cuando yo era niño las historietas eran humorísticas.* Hoy, muchas historietas son horribles: imágenes de ojos arrancados o de mujeres semidesnudas azotadas con látigos. Aunque aborrezcamos las revistas que exhiben escenas de sadismo y perversión, la *censura* de la historietas es mucho peor que la historieta en sí.

Además, ¿cuántos de nosotros, adultos, no manifestamos interés por imágenes parecidas? Miramos en la televisión cómo Cassius Clay castiga a un tambaleante Patterson. Sentimos un interés salaz por las escenas sexuales que representan actos lascivos.

Es imposible proteger a los niños de todas las historietas de violencia. Su matutino cuenta que un blanco asesinó cruelmente a un negro. ¡Ya es bastante! Pero a continuación el diario agrega que el jurado sureño dictaminó que el homicida era inocente. He aquí el crimen coronado por la justicia. Sin embargo, usted no prohíbe a sus hijos la lectura del diario.

No se puede salvaguardar a los niños de los males de

* *"Comics were comical"*, dice el original. En inglés *"comics"* significa "historietas". *(N. del T.)*

la época. Sólo se puede vivir en una forma tal que reste atractivo a dichos males. Mi consejo es: *¡vivid,* no prediquéis!

MALAS COMPAÑIAS

Mi hijo ha trabado amistad con un chico que tiene una personalidad poco recomendable: es mentiroso, prepotente, fanfarrón. Mi hijo ha empezado a copiar sus modales. ¿Cómo puedo hacerle entender que este chico ejerce sobre él una influencia nociva?

Todos los niños se cruzan con compañeros mentirosos, prepotentes y fanfarrones. El niño equilibrado no tarda en descubrir las simulaciones y la inferioridad del jactancioso embustero. Usted no podrá influir tratando de apartar con palabras a su hijo de esa mala compañía.

Pienso que el mejor sistema, el único, consiste en darle a su hijo la vida más plena y feliz que sea posible. Pregúntese si busca al otro chico porque su hogar es demasiado bueno, demasiado moral, demasiado estricto. Debe de sentirse atraído por este compañero porque encuentra en él algo que no puede obtener en su casa.

¿Pero por qué le preocupan tanto las mentiras y las fanfarronadas? La mayoría de los seres humanos, viejos y jóvenes, incursionan en las unas y las otras aunque no sean políticos ni corredores de comercio. Si su hijo le miente, lo más probable es que no se atreva a decirle la verdad por temor a que usted lo agreda.

Las personas no imitan a sus prójimos si los defectos que copian no son los que consciente o inconscientemente les gustaría tener. El héroe atrae a quienes desean parecerse a él. Los S. S. de Hitler atrajeron a todos los sádicos y pervertidos de Alemania. Billy Graham atrae a todos los simples que creen ser pecadores. Usted no sigue a un dirigente a menos que este marche en la dirección que usted desea tomar. Sinceramente pienso que es posible que en su hogar falte algo.

RELIGION

¿Es justo no hablar de Dios a los niños?

¿A qué Dios se refiere usted? ¿Al que dictaminó que masturbarse es un pecado, o al que creó el universo?

Toleraría al cristiano si sus adictos fueran fieles a su religión y volviesen la otra mejilla, vendieran todos sus bienes y repartieran el producto entre los pobres. Admiraría a la Iglesia, si el Vaticano y Canterbury simbolizaran la pobreza de Jesús, en lugar de exhibir candelabros e imágenes de oro y vestiduras ornamentales.

Según los creyentes, Bertrand Russell se asará eternamente en el infierno, en tanto que Billy Graham se sentará a la diestra de Dios. El hombre que enriqueció a la humanidad con su matemática creativa está condenado a un castigo sin remisión. Este es le Dios frío en el que se pretende que crean los jóvenes: un Dios cruel que tortura despiadadamente a un hombre bueno que jamás hizo daño a nadie y que se limitó a no pronunciar las fórmulas rituales apropiadas.

Y puesto que hablamos de Billy, con su clamor de que la salvación sólo se logrará a través de Jesucristo, ¿cuál piensa él que será la suerte de la gran mayoría de la humanidad que, sin tener culpa de ello, nunca oyó hablar de Jesucristo?

Jesús brindó mucho amor, caridad y comprensión.

Pero entre sus secuaces estuvieron Juan Calvino, quien hizo asar a su rival Servet a fuego lento; San Pablo, que odiaba a las mujeres; y la Iglesia Calvinista de Sudáfrica que apoya el *apartheid*.

Tengo entendido que en algunas regiones de Estados Unidos es poco probable que un maestro consiga una vacante si declara que no es adicto a ninguna religión. Si no cree en determinada mitología, se lo considera inepto para enseñar matemáticas.

El diario de hoy trae la historia de una joven que al solicitar empleo como enfermera en un hospital manifestó, en la solicitud de ingreso, que era librepensadora. Las autoridades de la institución la rechazaron porque opinaban que sólo los cristianos son capaces de demostrar amor por los pacientes. Actualmente gran parte de la religión organizada es hipócrita y pacata. ¿Cómo es posible que los seguidores de Cristo sean tan antivida cuando se titulan discípulos del predicador que preguntó si algún hombre era suficientemente puro como para arrojar la primera piedra a una mujer ligera?

En una oportunidad acepté a un alumno católico, venciendo mis grandes reservas. El experimento fracasó. El chico se educaba en una escuela que no creía ni en el pecado ni en el castigo, y después debía ir a confesar sus pecados a un cura. El pobre no sabía qué hacer.

En el curso de una conferencia que pronuncié hace poco tiempo uno de los asistentes preguntó: "Usted es humanista. ¿Por qué no enseña humanismo?" Le contesté que es tan malo enseñar humanismo como enseñar cristianismo. No creo que a los niños se los deba vaciar en ningún molde ni que se los deba convertir a ninguna creencia.

Tomemos a los humanistas que impugnan la fe en

Dios. Conozco humanistas que son tan enemigos del sexo como los cristianos; conozco socialistas que son tan moralistas como el más fanático cabecilla de una Liga de Decencia. Conozco comunistas que rinden culto a sus dioses marxistas con la misma actitud emocional e irreflexiva con que cualquier católico rinde culto a su Santa Madre.

Si existe algo parecido al pecado, ello es la proclividad de los adultos a aleccionar a los jóvenes sobre la forma en que deben vivir: un impulso ridículo si se piensa que los adultos tampoco saben cómo vivir.

Nadie debe tratar de educar las emociones. Lo único plausible es crear un entorno en el cual las emociones puedan expresarse cabalmente. Si las emociones son libres, el intelecto se cuidará solo.

Para contestar específicamente su pregunta: no es ni justo ni injusto poner o dejar de poner a un niño en contacto con la religión. El niño absorbe los valores de sus padres con o sin teología y ya se trate de que los valores sean provida o antivida.

El tener conocimiento de Dios no es ni remotamente tan importante como el tener un conocimiento íntimo de padres rectos, cariñosos, honestos consigo mismos y con todos los demás.

Nuestra familia ha sido presbiteriana durante muchas generaciones y nos enorgullecemos de nuestra filiación religiosa. Mi hijo, James, es totalmente indiferente a las cosas de la iglesia. Nos sentimos muy turbados cuando llega el domingo y nuestros amigos nos preguntan dónde está James. ¿Piensa que sería una imposición pedirle a James que complazca hasta cierto punto nuestros sentimientos? ¿Es

excesivo pedirle a un niño que consagre una hora por semana a algo que es tan importante para sus padres?

Me parece que usted se preocupa más de la opinión de los vecinos que por el bienestar espiritual de James. El dice que la iglesia lo aburre... ¿por qué habrían de obligarlo entonces a concurrir a ella? Si en su interior perdura una chispa de religiosidad, lo más probable es que esta coacción la extinga definitivamente.

En el mundo moderno hay muchos James; a miles de jóvenes se los arrastra a la iglesia contra su voluntad. No podemos inculcar una creencia a nadie mediante el uso de la fuerza, o de la sugestión, o de lo que sea. James, como muchos jóvenes nacidos en nuestro mundo científico, puede ser agnóstico o ateo. Quizá tenga incluso la sensibilidad suficiente para preguntarse por qué la cristiandad tiene tan poco en común con Cristo y sus doctrinas de amor fraternal, o es muy posible que se pregunte por qué tantos padres religiosos castigan e intimidan a sus hijos. Quizá James ha tomado al pie de la letra el mandamiento: "Dejad que los niños vengan a mí."

O si James no tiene opiniones específicas, es posible que le parezca que los sermones son aburridos y que los himnos son triviales y discordantes. Al fin y al cabo, ¿qué niño que no haya sido adoctrinado desde la cuna puede preferir un servicio religiosos a la televisión o al cine o simplemente al juego?

No, ustedes no tienen ningún derecho a coaccionar a James para obligarlo a hacer algo que no quiere. En beneficio de ustedes mismos deben comprender que la coacción es un sistema ideal para perder el cariño de su hijo.

Todos los chicos de la cuadra concurren a la escuela dominical. Mi esposo y yo no creemos en la religión organizada. John nos pregunta por qué no puede concurrir a la escuela dominical con sus compañeros de juegos. Puesto que estamos firmemente convencidos de que la educación religiosa es nociva, ¿cómo podemos encarar esta situación?

A su hijo no le interesa la *religión*. Sólo quiere integrarse a su pandilla, hacer lo que hacen sus compañeros. Si estos concierran a una escuela de Ku Klux Klan, John querría sumarse a ellos.

Si no le dan el gusto es posible que despierten en él un interés definitivo por la religión. El fruto prohibido es el más dulce. Les aconsejo que lo dejen ir. Y si empieza a verse a sí mismo como un infeliz pecador, *entonces* díganle lo que ustedes piensan de la religión. Recuerden que el hogar influye más que cualquier escuela.

Admito que los agnósticos y los humanistas deben enfrentarse con una mayoría sólidamente atrincherada. Nuestra televisión y nuestra radio dedican mucho tiempo a los partidarios de la religión y apenas diez minutos, de vez en cuando, a los humanistas.

Pero dejen que su hijo concurra a la escuela dominical si quiere hacerlo. Si su hogar es dichoso, es poco probable que él adhiera a alguna religión. Mis 60 felices alumnos jamás manifiestan interés por esas cosas.

"Summerhill" parece ser el paraíso, ¿pero por qué, oh, por qué no enseñan religión?

En mi escuela no enseñamos religión porque la vivimos, si por ser religioso se entiende dar amor.

Lo que importa no es lo que uno cree sino lo que uno *es* y lo que uno *hace.* Algunos clérigos participan en las cacerías del zorro, otros cazan perdices. Más de un padre religioso le pega a su hijo. Ese padre puede decir lo que quiera, pero su actitud aborrecible prueba que su religión de amor es una impostura. ¿Cuántos chicos han recibido una paliza por no haber aprendido una página del catecismo abreviado?

Pero con esto basta. Si la palabra de Dios significa *bien,* entonces este es ciertamente el Dios que procuramos obedecer en "Summerhill".

FORMACION DEL CARACTER

Soy pacifista. ¿Debo tratar de convertir a mis hijos en pacifistas?

La Humanidad se puede dividir en dos clases: los que han aceptado al *padre* y por consiguiente se han convertido en miembros del sistema (Establishment) y quienes han rechazado al *padre* y se han convertido en rebeldes. Los primeros forman la gran mayoría.

En las clases superiores, muchos muchachos desafían la filosofía del *padre* a los 20 años. A los 50 votan a los conservadores.

Un padre puede ser pacifista y al mismo tiempo un mal padre. Puede ser fastidioso; puede ser moralista en materia sexual; puede profesar una religión que no atrae a los jóvenes. En un hogar pacifista, como en cualquier otro, pude haber niños que protestan contra el moldeamiento sutil.

No, no creo, que usted deba realizar un esfuerzo premeditado para inculcar sus ideas a sus vástagos. Si el hogar se asienta sobre una base de amor, sus hijos e hijas se dejarán influir inconscientemente por sus ideas, y lo más probable es que acepten el pacifismo.

Amigo mío, yo no creo que nadie deba tratar de plasmar la vida o los pensamientos de su hijo. Debemos estar dispuestos o aceptar que nuestros vástagos se comporten y piensen en una forma que nos choque. Conocí a un padre pacifista cuyo hijo estaba desesperado por volar. Pero el único lugar donde habría podido aprender a hacerlo era la escuela de adiestramiento local de la fuerza aérea. El padre le prohibió terminantemente que ingresara en un instituo militar. El hijo se fugó de la casa y se incorporó a la Real Fuerza Aérea. Ese padre debería haber acatado los deseos de su hijo.

No debemos tratar de vivir las vidas de nuestros hijos por ellos. Yo soy humanista, pero no me atrevería a convertir a mi hija al humanismo ni a ningún otro credo o convicción. Contestaré sus preguntas, pero no soñaría con iniciar una campaña para inducirla a pensar como yo. Ella ve cómo vivo. Si aprueba el sistema, es probable que lo imite. Pero nada de lo que *diga* podría ser más elocuente o significativo que mi conducta.

El mismo criterio se aplica a las convicciones. Mi hija ya debe de saber en qué creo. No es necesario que la catequice en un sentido u otro. Ha tenido tiempo suficiente para decidir si está de acuerdo o discrepa conmigo, sobre la base de sus observaciones.

No, lo que yo digo es: vive y deja vivir.

No hago caso de todo lo que dice la literatura psicoanalítica acerca de las motivaciones ocultas. Teóricamente el pacifista es un sádico que sobrecompensa su crueldad inconsciente, o el pacifista es un cobarde físico que racionaliza sus motivaciones para evitar que lo maten en el campo de batalla. Así se podría decir que el torturador de la Gestapo estaba sobrecompensando un gran amor inconsciente por los judíos. Y si esta teoría que atribuye el pensamiento y la acción a motivaciones inconscientes fuera correcta, se podría suponer que, puesto que los psicoanalistas descubrieron sus propios impulsos inconscientes, ellos mismos deberían ser hombres estupendos, libres de complejos. Yo, que en mi época los he conocido por docenas, puedo asegurar que el comportamiento de los analistas no es muy distinto del de la otra gente.

Mi esposa y yo luchamos por los derechos civiles. Nos oponemos terminantemente a la guerra de Vietnam. Nuestros hijos, un muchacho de 18 y una chica de 16, no quieren participar en las marchas en favor de los derechos civiles. Ni siquiera aceptan lucir una insignia contra la bomba. Nos han desilusionado. ¿Debemos tratar de inducirlos a luchar junto a nosotros por un mundo más libre?

¡Claro que no! De todos modos no lo lograrían aunque lo intentaran.

No deben pretender que sus hijos sean la copia fiel de lo que son ustedes. Probablemente están hartos de esa historia, porque en su hogar la mayoría de las conversaciones gira en torno de las convicciones que ustedes sustentan y de las actividades que desarrollan. Quizá sus hijos están tan ocupados protestando contra las presiones domésticas que no les quedan fuerzas para protestar contra el trato que se les dispensa a los negros.

Los hogares "liberales" no son siempre hogares *liberales*. No se puede convertir a nadie con charlas o sermones. Claro que un Billy Graham puede convertir a una multitud de seres cuyas emociones han estado reprimidas durante años, pero en la mayoría de los casos esas conversiones son efímeras. *¡Los padres no deben tratar de convertir a sus hijos a ninguna doctrina!*

Esto también se aplica a la inversa. Acabo de contestar a una estudiante de Chicago, a la que le escribí: "No trate de convertir a sus padres a la doctrina de 'Summerhill'. Usted afirma que son enemigos de ella. Lo que les diga no modificará en un ápice sus convicciones." Hay casos de auténtica conversión, pero sólo se producen cuando ya hace bastante tiempo que el converso la busca inconscientemente.

Sus hijos rechazan su filosofía de la vida. Deje las cosas como están. Usted no tiene ningún control. Aunque su hijo se incorporara al Ku Klux Klan, o aunque su hija se dedicara a la mala vida, usted no podría hacer nada al respecto. Sospecho que los dos piensan que con el adoctrinamiento que han recibido en el hogar ya tienen bastante para el resto de sus vidas.

Quizás es más fácil inculcar el odio que el amor. Los chicos blancos del Sur que veo en la televisión destilan odio cuando apedrean a los niños negros. Ese odio no es natural. Les fue inculcado desde la cuna. Parece que el proceso en virtud del cual el odio engendra odio es más fácil que el proceso en virtud del cual el amor engendra amor. Esto explica los males de la humanidad. Para un niño no debe de haber un lastre peor que el de tener un padre que odia.

Una vez más, les digo a ustedes, los padres: dejen a sus hijos en paz. Si estos lo sienten verdaderamente, encontrarán su propio cauce para protestar contra todo lo que hay de feo y aborrecible en la vida. Si creen realmente que se debe auxiliar a los oprimidos, encontrarán su propia forma de ayudarlos. Si son insensibles a los sufrimientos ajenos, nada de lo que ustedes digan los hará cambiar.

Un joven de 17 años me dijo: "Participo en lar marchas contra la bomba que se celebran en Londres y pienso sin cesar en mi inutilidad, porque sé que nuestra minoria carece por completo de la fuerza necesaria para alterar la política de los hombres que nos gobiernan." Acertado o no, invita a pensar.

Los niños libres no son rebeldes proselitistas. A menudo lucen insignias contra la bomba, pero a ninguno lo arrestaron por sentarse junto con Bertrand Rusell en Trafalgar Square. En realidad, pieno que soy el único "summerhilliano" al que lo procesaron por sentarse a modo de protesta. Me senté en Escocia, en la base de los Polaris, y me condenaron a 60 días de cárcel o a pagar una multa de 10 libras. No repetí la prueba porque llegué a la conclusión de que era un método poco o nada eficaz.

No, la libertad no engendra rebeldes. Y aquí se plantea un dilema embarazoso: Para que un hombre se rebele contra el Sistema, ¿es necesario que antes haya padecido mucho en sus manos? Tal como lo expresa Shelley:

La mayoría de los infortunados llegan a la poesía
por el camino del tormento;
aprenden sufriendo lo que enseñan cantando.

Para volver a su pregunta: Los padres deben esforzarse por entender el punto de vista de sus hijos. Es posible que sus chicos sientan hondamente los problemas que a usted le interesan, pero que piensen también, aunque sin expresarlo, que por razones pragmáticas su enfoque es equivocado.

En el curso de mi labor docente, nunca hice intervenir

mis propios problemas personales, de modo que si usted interrogara a cualquiera de mis alumnos acerca de mi vida personal, el chico no sabría qué contestarle. ¿Cuáles son mis ideas políticas, mi actitud respecto de la religión, respecto de los médicos y de las drogas? Mis alumnos lo ignoran. Afortunadamente no les interesa.

Lo más peligroso es que el maestro transmita a sus alumnos sus propias ideas. La misión de la enseñanza consiste en estimular el pensamiento, no en inculcar doctrinas.

Supongamos que un hombre creyera seriamente que la tierra es plana, y que dedicara sus horas de ocio a marchar con una bandera colosal para proclamar su verdad. Dudo mucho de que algunos de sus hijos marcharan con él. ¿Usted calificaría a ese chico de irrespetuoso o desagradecido? Sus creencias y sus pasiones son suyas propias: no las imponga a sus hijos.

¿Cómo puedo inculcar a mis hijos una actitud de amor y veneración por la vida, cuando en torno de ellos ven odios y prejuicios y hostilidad y guerras?

Este sí que es un problema. ¿Como *puede* hacerlo? Sin embargo en "Summerhill" lo logramos. Nuestros ex alumnos nunca odiarán a los negros o a los judíos, ni tampoco serán belicistas. Nuestros chicos aprenden a ser tolerantes y caritativos, pero no ignoran en modo alguno que viven en un mundo enfermo. Déle al niño un hogar feliz y una escuela feliz, y el riesgo de que abrigue odios será en verdad mínimo.

En "Summerhill" tenemos muchos niños pequeños. Tenemos gatos y gallinas y gansos que transistan sin ningún miedo por los senderos de los niños. En realidad, a veces es díficil hacer salir del paso a estos gansos chillones. Si se brinda a los niños amor y libertad, respetarán automáticamente la vida, sea esta animal o humana. No conozco ningún otro método.

Nuestros reformatorios para delincuentes engendran odio constantemente, con su disciplina estricta y sus castigos. Todo padre ligero de mano despierta en su hijo odio y temor. Todo estúpido maestro vociferante produce el mismo efecto. La única esperanza para este mundo enfermo descansa sobre una generación de niños a los que se les permita amar la vida en lugar de odiarla.

Pero ¡ay!, la mayoría de los niños está condenada desde el principio: condenada por la disciplina, por los sermones, por el castigo, por el adoctrinamiento que imparten personas que, en su tiempo, aprendieron a odiar la vida.

De modo que cuando asisto a una conferencia de maestros y escucho discursos sobre exámenes y carreras siento sencillamente que se me revuelve el estómago. La única buena educación que se puede inculcar en el hogar o en la escuela es la que deja las emociones en libertad.

MATRIMONIO

Somos judíos y nuestro hijo quiere casarse con una gentil. ¿Debemos prohibir el matrimonio?

No sé si ustedes son ortodoxos o no. Es posible que no vayan nunca a la sinagoga y que conserven a pesar de ello las tradiciones de su religión y su familia. Sin embargo espero que permitan que su hijo se case con su amada gentil. Lo espero por el bien de ustedes, así como por el bien de su hijo.

En una oportunidad conocí a un famoso artista judío que debió "vivir en pecado" con su amada y que no se casó con ellas hasta que murieron sus padres. Todo eso me pareció muy descabellado, muy estúpido, muy prejuicioso. Sin embargo la religión no es la única que pretende controlar el amor. La categoría social ejerce más o menos las mismas presiones para que Park Lane no busque novia en Whitechapel.* En la vida real es raro que un príncipe capitalista se case con Cenicienta.

Si ustedes, padres, prohíben el matrimonio, perderán la confianza y el cariño de su hijo. ¿Quieren que les pese sobre la conciencia el haberle impedido que se case con alguien a quien ama? ¿Cómo se sentirían si rompiera con esta chica y después se casara con una judía aceptable que le sacara canas verdes? Claro que es posible que esto no suceda... pero también es posible que ocurra. Y si ocurre, vuestro hijo pensará siempre: *"Mi padre y mi madre me metieron en este lío y me estropearon la vida."*

Muchas veces los padres tienden a juzgar un matrimonio eventual por los detalles exteriores. *"Ella toca muy bien el piano y su padre es un médico muy respetado y rico." "El se graduó con un título de* Master of Arts *y su padre es inspector de escuelas."* Como si las dotes pianísticas y la presencia de un padre rico pudieran asegurar la compatibilidad y la dicha.

Los padres también tienen una visión parcial de las cosas, que varía según estén juzgando a un hijo propio o un hijo político. He aquí la reveladora historia de una visitante que le pregunta a su vecina:

—¿Cómo está su hija Shirley, señora Rosenberg?

* Dos distritos londinenses. El primero rico y el segundo pobre. (N del T.)

—Oh, Shirley —contesta la interpelada—. Tiene un marido encantador. ¡Un abrigo de visón, un Cadillac, montones de sirvientes! ¡Qué esposo excelente! Le sirve a mi hija el desayuno en la cama y ella no se levanta hasta el mediodía. ¡Qué príncipe!

—¿Y su hijo, Sam?

—¿Sam? ¡El *sí* que se casó con una arpía! Le compró un abrigo de piel, y un auto, y le da todos los lujos. ¡Pero ella se queda en la cama hasta el mediodía! ¡Ni siquiera se levanta para servirle a él el desayuno!

¿Qué opina sobre el matrimonio mixto?

A mí me inquietaría un poco... no por el matrimonio en sí, sino por los hijos, porque en nuestra sociedad al mestizo lo hacen sentir inferior. Pero yo, personalmente, me muevo en una sociedad en la que a nadie le interesa si una chica es mulata. Lo mismo se aplica al antisemitismo. En "Summerhill" tenemos alumnos judíos y a nadie le importa. La mayoría de nuestros niños ni siquiera sabe quién es judío.

Mi hija tiene 16 años. Está locamente enamorada de un joven de 20 años que estudia en la facultad. El muchacho quiere casarse y ella me presiona para que se lo permita. El joven tiene padres ricos que están dispuestos a mantenerlo mientras estudia y aún después, de modo que no hay obstáculos económicos. Sin embargo, pienso que a los 16 años se es demasiado joven para casarse. Mi hija es tan madura como cualquiera de su edad, pero no puedo sacarme de la cabeza la idea de que es sencillamente demasiado joven para casarse. ¿Qué opina usted?

Personalmente dejaría que se case, pero entiendo muy bien su preocupación maternal. Esta chica está madura para la vida sexual y quiere disfrutar de ella. El matrimonio puede concluir en un fracaso, pero lo mismo podría suceder si tuviera 26 años.

Permita que deje vagar mi fantasía. El ejército recluta al muchacho. Muere penosamente en Vietnam. La chica clama: "Por lo menos podríamos haber disfrutado de un breve lapso de felicidad. No me dejaron vivir con amor."

Pero también la comprendo a usted, señora madre. El muchacho tiene dinero y usted puede imaginar a su hija lanzada a la competencia sin fin y a sus frivolidades con todo lo que la fortuna del joven puede suministrar: ropas costosas, un auto inmenso, la loca ronda social. Es posible que a su hija le ofrezcan un mundo superficial, del que han eliminado todo lo profundo e importante.

¿Cuál es la alternativa? Su hija pensará que si usted la quisiera no frustraría su amor juvenil. En verdad podría pedirle que espere un año, pero si le pone como condición que ese sea también un período de abstinencia sexual, su hija continuará guardándole rencor.

Es muy peligroso que los padres pongan obstáculos al amor. He conocido más de un caso en el que los padres pensaron que existía imcompatibilidad —por razones de pobreza, ¿entiende?— e impidieron la boda. Como revancha la chica se casó con el peor candidato y estropeó su vida.

Tendrá que pensar con la mayor objetividad posible las consecuencias de su decisión. Su carta omite detalles tan importantes como los siguientes: ¿El joven le resulta personalmente simpático? ¿Cree que es suficientemente equilibrado para convertirse en esposo? ¿Su propia vida sexual es satisfactoria, y en caso de no serla, sus ansiedades nacen de su propio temor? ¿Le teme a casi todo? ¿Su hija es desdichada en su hogar y busca la primera oportunidad para abandonarlo?

Un detalle adicional. Los médicos están de acuerdo en que las chicas de está generación llegan a la madurez mucho antes que las de la anterior. Es posible que a los 16 años su hija esté tan lista para el matrimonio como una chica de 21 años lo estaba ayer.

Y además, señora, recuerde que muchas jóvenes huyen de sus hogares cuando las obligan a cortar un vínculo amoroso. Si sucediera esto, usted tendría motivos mucho más serios para preocuparse.

Mi esposo y yo discrepamos acerca de lo que debemos hacer con nuestra nena de 6 meses cuando llora. Yo quiero alzarla y tranquilizarla. Mi esposo dice que la convertiré en una criatura consentida y exigente. ¿Qué opina usted?

Opino que usted tiene razón y su esposo no. Ninguna criatura llora por nada. Es posible que le duela algo, o que se sienta sola, o que tenga hambre. Lo más probable es que llore porque anhela ser mimada.

Me pregunto hasta qué punto los males de la humanidad se deben a que ignoramos los que necesitan las criaturas. A ningún niño se lo malcría con exceso de cariño. El método de su esposo le producirá carencia emocional y temores, posiblemente una neurosis que le durará toda la vida. Por favor, entienda: la criatura no está tratando de coaccionarlos. Tiene una necesidad, un deseo, un ansia que no es consciente. No estropeen su vida en flor.

Amenla y continúen amándola.

PALIZAS

A veces le pego a mi chica de 3 años cuando se porta mal. ¿Las palizas son buenas o malas?

No se trata de que sean buenas o malas. Hasta cierto punto es un caso de cobardía, porque usted le pega a alguien que no tiene un físico igual al suyo. No creo que zurre a su esposo cuando él la fastidia. ¿No lo hace porque no se atreve? El podría devolverle el golpe. Claro que no corre ningún riesgo si le pega a su nena de 3 años. Ella no está en condiciones de tomarse la revancha.

Las palizas implican un desahogo para la rabia, la frustración y el odio adultos. Sería interesante descubrir si la mayoría de las madres pegadoras no son aquellas que tienen una vida sexual insatisfactoria, o aquella que son frígidas y por tanto enemigas del sexo. Las madres felices no pegan: no necesitan hacerlo porque su estado de bienestar se trasmite inconscientemente al niño. La tradición y la opinión pública postulan que los padres, por el mero hecho de serlo, automáticamente aman a sus hijos. Pero si el hombre y la mujer dejan de quererse el uno al otro es posible que sus hijos se críen en una atmósfera desdichada y desprovista de ternura.

Muchos niños se portan mal deliberada pero inconscientemente. *"Mamá no me quiere, y si no puedo conseguir su amor conquistaré su odio, porque debo obtener de ella alguna reacción importante."*

Sería mucho mejor que en lugar de zurrar a la criatura, la madre o el padre se sentaran a reflexionar sobre sus propias fallas. *"¿Yo vivo o vegeto? ¿Sacrifiqué mi carrera teatral por estos mocosos que me sacan canas verdes?" "Estoy acercándome a los cuarenta. Sé que mi esposo mira a las mujeres más jóvenes... No toques eso, nene. ¡Toma!"* Ninguna madre disconforme puede atender correctamente a su familia. Podrá insipirar miedo, pero no amor.

¿Qué sucede cuando usted le pega una paliza a una

criatura? Por un lado la atemoriza, cosa que nadie tiene derecho a hacer. Por otro lado, pierde su cariño. El afecto contrito que demuestra después de una zurra es falso, insincero, está inspirado por el rechazo.

La peor madre es la que grita: "Ya no te quiero." Si existe algo que se pueda rotular como pecado mortal, helo aquí. Todos los niños buscan cariño y seguridad. Cada zurra es un "shock" psicológico. La pobre criatura no sabe ni remotamente lo que son las proyecciones. No entiende que papá tuvo un mal día en la oficina y que discutió con su patrón, no entiende que la cólera de papá es una cólera desplazada: la que no se atrevió a desahogar en la oficina. El niño no sabe que su madre puede padecer una carencia sexual, o puede arrastrar desde la infancia una fijación sexual —quizá con su padre—, fijación esta que no le permite establecer una buena relación amorosa con su marido.

Cuando el niño recibe una paliza porque ha entrado en su casa con las ropas embarradas, no sabe que su madre le teme a lo que pensarán los vecinos, ni que a muchos chicos los zurran sólo para satisfacer la opinión pública. Uno lo ve en el tren cuando una criatura corre por el pasillo. *"Debo demostrar a esta gente que mi chico ha sido bien educado"*, piensa la madre... ¡Y zas!

No olvido que los niños pueden ser un incordio incluso para la madre más equilibrada: riñen constantemente, manosean las cosas que los adultos valoran. Casi siempre la causa de las riñas reside en los celos, y en la mayoría de las familias los celos proliferan. Además, los celos inconscientes se multiplican en razón de un hecho simple, a saber, porque los padres no pueden amar con el mismo fervor a todos sus hijos, independientemente de lo que digan. Los padres prefieren un hijo a otro, y los niños lo intuyen aunque no tengan conciencia de ello.

Existe un remedio para las zurras, este reside en la autocrítica del adulto irritado. La paliza es una castración simbólica. Ahoga la voluntad, genera odio, puede arruinar una vida. Millones de personas que fueron zurradas en su infancia continúan zurrando luego a sus propios hijos. Quizá castigamos porque la nuestra es una civilización cristiana. Si alguien peca, el castigo lo aguarda en el aquí y el ahora, y el infierno lo espera en el futuro.

Los padres que zurran son seres minúsculos, seres llenos de odio, seres cobardes, Ojalá los padres tomen un poco de conciencia de lo que en realidad son: seres indigentes, inmaduros, desdichados, revestidos con una autoridad de oropel que no pueden emplear correctamente en razón de su misma inmadurez. La mayoría de los padres, ¡ay!, no pueden cambiar, porque son las víctimas y los productos de una educación doméstica y escolar que ignoraba la naturaleza del niño.

DESTRUCTIVIDAD

Vivimos en un pequeño departamento de tres ambientes, el mejor que podemos permitirnos dentro de nuestro presupuesto. Tenemos unas pocas chucherías y recuerdos que valoramos mucho, y estamos sobre ascuas porque tememos que el nene trepe sobre una silla, estire el brazo y rompa esos objetos queridos. Sabemos que, en términos ideales, deberíamos contar con una habitación independiente para el nene, donde este no podría destruir nada valioso. Puesto que somos padres consagrados al ideal de ''Summerhill''

nos preocupa la posibilidad de abrumarlo con restricciones acerca de lo que no debe tocar. ¿Qué nos aconseja?

Este es un problema universal: el del abismo que separa los valores infantiles de los adultos. En todos los hogares los padres deben decirle al niño que deje algo en paz: el gato con su cola tentadora, los cacharros de la cocina, los tomacorrientes. En este caso, la mejor solución consitiría en que los padres depositaran todos los objetos valiosos en alacenas cerradas o en estanterias altas.

Desde un determinado punto de vista, vuestro hijo tiene valores más realistas que los de ustedes. Para los padres, los adornos, las fotografías, etcétera, tienen un valor estático. En la mayoría de los casos la desaparición de estos recuerdos y artefactos no modificarían en nada la verdadera dicha cotidiana del adulto medio. El niño interpreta que los objetos adorados están allí para moverlos, para hacer algo con ellos: obtener el deleite de oír cómo una jarra de cristal se estrella contra el piso, por ejemplo.

Generalmente la que sobrevalora las cosas es la madre. Es ella quien compra un cántaro que significa poco para el padre y menos que nada para el niño. Prácticamente todas las casas están atiborradas de baratijas que muy a menudo ni siquiera son ornamentales... la foto de la familia sobre la repisa de la chimenea, el florero que la tía Mary regaló en la última Navidad. Casi estoy a punto de decir que sería prudente entregar todos esos trastos al nene para que salte sobre ellos, aunque confieso que esto no es lo que está en discusión.

Lo que sí está en discusión es el hecho de que se sacrifique constantemente a millones de niños en aras de los objetos y de estúpidos tabúes: *Siéntate derecho en la mesa. No empieces a comer hasta que terminen de servir. No se te ocurra volcar algo sobre el piso de la cocina.*

Todo es una cuestión de valores. Los padres podrían preguntarse: *¿Qué es lo que más me dolería, la pérdida del nene o la de este botellón de cristal?* Guarde el jarrón hasta que el chico crezca y los tendrá a los dos: a su niño y a su valioso tesoro.

A nuestro niño de 6 años le gusta romper ventanas. Podría decirle que lo siga haciendo pero no tenemos dinero para pagar los daños. ¿Qué podemos hacer?

Actualmente hay en "Summerhill" un niño de 6 años igual al de ustedes. Le impartieron una educación bastante severa. Le pregunté si rompía ventanas en su casa. "Sí, pero ahora no lo hago porque me pegan."

Evidentemente, este chiquillo está buscando cariño. Se trata de uno de los casos típicos que albergan la siguiente idea inconsciente: *"Si no puedo hacerme querer, me haré odiar."* Nuestro personal se esmera por manifestarle amor. Los daños a las ventanas culminan en abrazos y muestras de aprobación. Incluso los alumnos hacen todo lo que pueden por él: en sus tribunales nunca lo acusan de haber cometido daños intencionales. Saben lo que bulle por debajo y compadecen al pobrecito.

No sé cómo está organizado el hogar de ustedes y sólo atino a conjeturar que el pequeño se siente postergado de algún modo. Sin duda está tratando de atraer la atención sobre su persona. Estoy seguro de que el castigo sólo lo induciría a portarse peor.

Aunque pudieran solventar el gasto, no les aconsejaría que lo ayudaran a romper vidrios. En una oportunidad conocí a un maestro en cuya escuela se produjo la rotura de una serie de ventanas. El se sumó a la campaña de destrucción y todos sus alumnos se echaron a llorar porque comprendieron que estaba haciendo algo en lo que no creía. Cuando Homer Lane, el gran educador, colaboró en los desmanes que cometían los jóvenes delincuentes que tenía a su cargo, él mismo era un escolar sonriente. Lane tenía una comunicación empática con los niños postergados, miserables. Tenía la virtud de poder ponerse en el lugar del destructor. Lane actuaba por la vía emocional. En el trato con los niños uno no debe aplicar un método determinado porque piense que es bueno. Debe *sentir* que es bueno.

Mi consejo práctico es el siguiente: denle al chico un tambor y un silbato y todos los juguetes metálicos que necesite para hacer un estrépito infernal. Es posible que eso le sirva para desahogarse totalmente. Y después busquen la forma de apaciguar a los vecinos. Pero lo más importante es que proporcionen al niño la mayor dosis posible de cariño.

Son muy pocos los padres que se formulan las preguntas correctas: *¿Por qué mi hijo rompe ventanas? ¿Por qué roba? ¿Por qué goza destruyendo?* Si se acepta la psicología de la novela de William Golding, *Lord of the Flies* (El Señor de las Moscas), la respuesta es sencilla. El niño es un pequeño demonio. Hay que domesticarlo mediante el ejemplo de los adultos, mediante castigos y mediante la formación de su carácter.

Mi respuesta es que cuando el pequeño demonio queda librado a sí mismo, sin compulsión exterior, se convierte en un ser humano social. Si se le da tiempo, naturalmente.

Si el niño es cólerico y destructivo, está protestando contra algo que tiene su origen en el hogar: falta de cariño parental, o demasiadas restricciones estúpidas e innecesarias, como por ejemplo: *No apoyes los codos sobre la mesa, nene.* Permítanme subrayar un concepto: NINGÚN NIÑO FELIZ DESTRUYE. Allí donde hay un niño destructivo, los padres deben preguntarse: *¿Por qué mi niño no es feliz?*

BRAVUCONADAS Y RIÑAS

Soy una madre que trabaja. Mientras estoy en mi empleo mi hijo de 5 años pasa su tiempo en una guardería. Su maestra dice que es muy brusco con los otros niños, que les pega y les quita sus cosas. ¿Cómo puedo poner fin a esta conducta?

No puede hacerlo. Lo único que puede hacer es sentarse a pensar qué es lo que le ha sucedido para inducirlo a ser agresivo.

¿Le ha pegado? ¿Le ha gritado? ¿El suyo es un matrimonio feliz? ¿La agresividad del niño copia la de su madre o la de su padre? Debe tener una vaga idea de que usted no lo quiere bastante, porque si lo quisiera no lo dejaría todo el día en la escuela. Pero esta es una realidad que no se puede modificar.

¿Cómo puedo contestar a su pregunta si no sé si tiene hermanos o hermanas que lo intimidan en su casa? No sé a qué tipo de escuela concurre: lo más probable es que sea una de esas donde los adultos fijan todas las reglas. Pero la escuela nunca es tan importante como el hogar. La conducta del niño está condicionada por el hogar.

Aparentemente los niños autocontrolados son menos agresivos que los otros. En términos generales, no los veo intimidar a sus compañeros, ni destruir, ni pelear. La agresión implica una arremetida en la que se hace caso omiso de los demás. Así es como actúan habitualmente los niños. *"¡Yo también! ¡Yo primero!"* Pero el tiempo tiende a curar este tipo de agresión... si el niño se siente libre.

Homer Lane acostumbraba a expresarlo en los términos siguiente: El niño pequeño aspira a comer *toda* la manzana; si le dicen que la comparta con su hermana, es natural que la odie. En una etapa más avanzada de la vida, es probable que ese mismo niño sienta un mayor placer al compartir la manzana con su hermana que al comerla solo.

Durante la "edad gangsteril" —8 a 14 años— los niños se envalentonan y destruyen con frecuencia. En "Summerhill", cuando le preguntamos a un chico de 9 años por qué le pegaba siempre a una nena de 6 años, contestó: *"Porque se parece a mi maldita hermana."* En cambio en las chicas la agresión asume otra forma: son intrigantes.

Cuando los maestros son agresivos, sus alumnos los imitan. Cuando los padres castigan a sus hijos, los hacen agresivos. Los alumnos más pendencieros que he tenido fueron aquellos que habían sido sometidos a una disciplina más estricta en el hogar y la escuela. Cuando se insulta o denigra a un niño inteligente, este puede contraatacar con una frase brillante, pero el niño atolondrado sólo puede reaccionar con el puño. Los sargentos prepotentes del ejército son habitualmente hombres estúpidos: niños crecidos.

En una atmósfera de libertad la agresividad del niño aflora y se desahoga con el trascurso del tiempo. Bajo un régimen disciplinado, ¿hacia dónde se encauza la agresividad? El odio queda sepultado en el fondo de la personalidad, listo para asomar en actitudes antivida posteriores, en la represión de la sexualidad ajena y en bravuconadas. El único sistema idóneo para reducir la agresividad de nuestro mundo es el que concede libertad al niño para que se desarrolle a su modo y a su hora.

Los compañeros de su hijo le bajarán los humos si son de su misma edad. Pídale a la maestra que le conceda tiempo y que sea paciente.

Usted, la madre, debe tratar de demostrarle al chiquillo que lo ama y que no lo odia. No se puede llegar muy lejos hablándole a un niño de 5 años. No entiende razones... sólo actos. Pero si los actos consisten en accesos de cólera, o bofetadas, o regaños, se tomará la revancha con algún compañero de clase, al que pueda pegarle, para desahogar así el odio que usted descargo sobre él.

Mi hijo de 3 años es muy pasivo cuando otros chicos le pegan o le quitan los juguetes. No se defiende y se limita a llorar. No me gusta intervenir ni tampoco enseñarle a devolver los golpes. Sin embargo me duele verlo siempre intimidado y lastimado. ¿Cómo puedo ayudarlo?

Sólo alejándolo de los niños que lo intimidan. A un niño de 3 años no puede enseñarle a pelear, y aunque pudiera no sería bueno para él.

Por alguna razón, ciertos niños son duros e insensibles, y otros no son ni remotamente agresivos. Pero, señora es mejor que su hijo sea un joven Gandhi y no un joven Hitler.

Sé que le resulta difícil y penoso ver sufrir a su hijo. Depende estrictamente de usted el protegerlo en la mayor medida posible de los bravucones.

Si tuviera 10 años en lugar de 3, le sugeriría algunas lecciones de boxeo.

Cuando juegan juntos, los chicos de mi cuadra se pegan a menudo entre sí. A mi hijo lo han aporreado mucho. Algunos padres del barrio les han aconsejado a sus hijos que devuelvan los golpes. Este sistema no me entusiasma mucho pero no sé qué decirle a mi chico. ¿Qué me sugiere usted?

Cuando los chicos —y también los adultos— vuelven la otra mejilla, generalmente esa mejilla recibe una violenta bofetada. Jesús pudo ser pacifista, pero la mayoría de la gente no puede serlo: ganarían los brutos. Seis millones de judíos murieron pasivamente en las cámaras de gas; los chinos asolaron el pacífico Tibet; los niños mueren espantosamente quemados por el napalm que arrojan los aviones. El mundo golpea, y sigue golpeando.

Debemos enfrentar la amarga verdad. Los niños a los que se les ha inculcado disciplina mediante el miedo descargan su odio aporreando a otros niños más pequeños.

El hecho es que los viejos están mejor protegidos que los jóvenes. Prácticamente cualquier pacífico dueño de casa blandiría un atizador de hierro para defenderse de un intruso armado. Incluso podemos llamar a la policía. Pero el pequeño Willie, intimidado por una pandilla de bravucones, está huérfano de protección.

Sí, enséñele a boxear. O jiu-jitsu, o lo que sea. Pero enséñele a defenderse en un mundo poblado por agresores.

MENTIRAS

Mi hijo de 10 años es un gran embustero. ¿Cómo puedo curarlo? He hecho la prueba zurrándolo, enviándolo a la cama, privándolo de una comida, pero todo ha sido inútil.

¿Por qué trata de curarlo? ¿Usted misma no es una embustera, buena señora? ¿No le mintió al chico cuando le dijo de dónde venían los bebés? ¿Alguna vez la vio espiar por la ventana y exclamar: "Allí viene esa insoportable señora y sonreírle ceremoniosamente y decirle: "Me alegro de verla, señora Smith"? Lo que en realidad le pregunto es si cuando él miente no está imitando a su madre.

Pero suponiendo que usted sea una madre excelente, le sugiero que su hijo tiene una imaginación privilegiada que algún día lo convertirá en un novelista de éxito. Descarto la causa común del embuste: el temor a ser descubierto.

Es posible que el niño se sienta inferior: ¿tiene un físico esmirriado? Quizá trata de compensar su pequeñez haciéndose el importante. *"Hoy vi 10 funerales."* Y sólo vio uno.

Cualquiera que sea el origen de las mentiras, los castigos que usted le aplica son muy peligrosos. Suma el miedo a su complejo. Además, está matando el cariño natural del chico por su madre. Le está inculcando un sentimiento de culpa.

Le está haciendo decir no a la vida. A lo mejor miente para ocultar que se siente culpable porque se masturba. Es posible que usted haya tratado de convertirlo en un buen chiquillo y que esta sea su forma de protestar.

No puede curarlo. Yo "curé" muchas veces a un mentiroso patológico pidiéndole que contestara con un embuste todas las preguntas que yo le hiciese. Ahora pienso que cometí un error. Quizá maté su creatividad en el germen.

Decir una mentira es un pecado minúsculo. Vivir una mentira es una tragedia colosal.

¿Qué hace usted con un niño que exagera las cosas? Mi hijo no es un embustero total, pero sin duda magnifica la verdad. Dice que marcó 18 puntos en un partido de básquet cuando sólo marcó 8. Dice que le pusieron un 9 en biología cuando sólo le pusieron un 7.

Yo no haría nada. Aparentemente el niño se siente tan inferior que necesita inflar su yo haciéndose pasar por un personaje. No hace más que lo que hacemos todos de una manera u otra.

Sinclair Lewis se explaya al respecto en *The Man Who Knew Coolidge,* la hermosa historia de un viajante de comercio que había ido a la universidad junto con Coolidge. Siempre se jactaba de su amistad con el presidente. Resultó que este le había dirigido la palabra una sola vez, para hacer un comentario sobre el estado del tiempo. Y esta es la historia de todos nosotros.

Su chico no es en modo alguno anormal. Su propósito consiste en hacerse importante. Trate de pensar por qué la vida de su hijo es tan opaca y por qué se siente tan aplastado que debe exagerar los hechos para darse importancia.

A la vez, es posible que el chico esté en vías de convertirse en novelista o dramaturgo. Nunca reprima la imaginación de un niño: su educación escolar basta para hacerlo eficientemente.

También sería provechoso que usted se sentara a evocar las múltiples oportunidades en que exageró la verdad. Por lo que sé, es posible que el chico esté imitando a sus padres.

"¿El tío Fred? —pregunta mamá—. Oh, tiene un buen empleo oficial." Fred está en el presidio de Sing Sing.

Señores padres, examínense ustedes mismos, y ríanse de ustedes mismos, y dejen en paz al pequeño fanfarrón.

Mi esposo y yo estamos desconcertados. No entendemos por qué nuestro hijo de 12 años es tan jactancioso, embustero y —lo digo con vergüenza— pendenciero. La atmósfera de nuestro hogar, que es por lo menos normalmente apacible, no debería haber producido semejantes características en el chico. ¿Qué nos aconseja?

Queridos padres, ¿por que se preocupan tanto? Todos somos embusteros, aunque a menudo no tenemos conciencia de nuestras mentiras.

Un amigo mío está aprendiendo a tocar el violín. Carece por completo de talento musical. Hace poco tiempo me preguntó: "¿Cómo te parece que me estoy desempeñando?"

—"Muy bien" —mentí descaradamente.

Los buenos modales nos obligan a mentir a casi todos. La mayoría de los niños mienten por temor a lo que sucederá si dicen la verdad.

¿Y quién no es jactancioso? En general es la cortesía la que nos hace reprimir el deseo de alardear. ¿Quién es tan modesto como para no sentirse alborozado cuando ve su propio rostro en la pantalla del televisor? Pero el alardeo exagerado siempre refleja, claro está, un gran sentimiento de inferioridad. Si por cualesquiera razones su hijo se siente inferior, ustedes no lo ayudarán poniéndolo en descubierto. La prohibición de jactarse no curará su inferioridad.

En una oportunidad tuve un alumno de 13 años que alardeaba sin cesar: sus oyentes quedaron tan hastiados con su charla que lo excluyeron de su grupo. Cuando tomó conciencia de lo que estaba sucediendo, cambió de actitud. Lo hizo para plegarse al mandato de la mejor maestra: la realidad. Si los padres y maestros lo hubieran regañado, simplemente habría reprimido su deseo de jactarse hasta que se le hubiera presentado una buena oportunidad para fantasear delante de sus pares. Los sermones nunca han curado nada.

Es más grave que sea pendenciero. El niño de hoy vive sumergido en una atmósfera de violencia. Nuestras historietas, nuestra radio, nuestras películas destilan sadismo. El niño que responde a la acción de estos vehículos de odio debe de ser el que tiene sus propios problemas de odio. ¿Sus hermanos y hermanas lo intimidan? ¿Le han inculcado una religión de miedo? ¿Sus padres se odian entre sí? ¿Lo han castigado por masturbarse? ¿Aborrece su escuela? Si los padres están en condiciones de pagarlas, unas cuantas entrevistas con un buen terapeuta podrían resultar muy útiles.

HURTOS

Mi hijo de 9 años esta robando en los negocios. ¿Qué puedo hacer?

No hay en verdad una respuesta sencilla. Cada caso es distinto. Estoy convencido de que generalmente los niños roban porque en sus hogares les falta cariño. Si usted no le ha brindado amor a su hijo durante 9 años, es difícil encontrar la forma de compensar semejante déficit en un breve lapso.

Todos los niños roban en un momento u otro. La mayoría de los adultos introducen algún artículo de contrabando cuando pueden hacerlo. En una oportunidad, un vista de aduana me dijo que vigilaba especialmente a los clérigos. Un buen padre no arma un escándalo cuando Tommy roba una moneda del bolso de mamá.

El padre moralista es el más peligroso. *"Eres un granuja. ¿No sabías que estabas haciendo algo malo?"* Me pregunto cuántos delincuentes habrán tenido madres moralistas. Es muy riesgoso inculcar al niño sentimientos de culpa. Lo mejor es decir: "Tommy, me sacaste una moneda. Devuélvemela, es mía." Esto es válido. Lo que es totalmente descabellado es adoptar una actitud moralizadora y acusarlo de ser un niño perverso y pecador.

Nadie es totalmente honrado. Los adultos somos muy quisquillosos en materia de honestidad. ¿Cuántos de nosotros somos honestos por miedo a la policía? Si hacemos una llamada a la larga distancia desde una cabina telefónica y la operadora dice: "Han pasado tres minutos, señor. Cuando haya completado la comunicación le informaré cuál es el monto total", ¿cuántos de nosotros colgamos tranquilamente al terminar la conversación y nos vamos de la cabina? Oh, sólo se trata de la compañía telefónica, y uno tiene derecho de defraudar a semejante coloso. ¡Al cuerno con la honestidad!

Muchos padres que trampean a la Dirección General Impositiva zurran a sus hijos cuando estos roban.

Durante un viaje reciente en tren todos los asientos comunes estaban ocupados, de modo que pasé a un vagón pullman, dispuesto a pagar la diferencia. En un trayecto de varias horas nadie vino a marcar mi boleto. ¿Acaso yo fui a la boletería y dije: "Viajé en un coche pullman, quiero pagar la diferencia"? Es muy fácil racionalizar, es muy fácil argumentar: "Si la compañía ferroviaria quiere perder dinero absteniéndose de enviar inspectores, ¿por qué yo habría de ayudarla?" Sí, todos somos devotamente honestos mientras no cambia el viento.

La libertad genera una dosis colosal de tolerancia. Por lo menos tres padres se quejaron de que "Summerhill" hacía a sus hijos *demasiado* tolerantes. En 45 años, jamás vi a un jurado infantil de "Summerhil" que castigara a un pequeño ladrón por sus robos. Lo único que le pedían era que pagara lo que había robado. Tomen nota, jurados adultos.

Alfred tiene un poco más de 12 años. La semana pasada el director de la escuela me comunicó en una nota que habían sorprendido a mi hijo en el momento en que robaba frutas de un negocio. Lo tildaron de ladrón y lo condenaron a quedarse una hora más en la escuela durante 30 días. Sé que podrá soportar ese castigo extremadamente severo, pero no quiero que se sienta culpable durante el resto de sus días ni que lo atormente la vergüenza de ser ladrón. ¿Qué ayuda puedo prestar en este caso?

Yo le habría dado al chico un dólar de recompensa por su iniciativa... pero lo que sucede es que yo me preocupo por el chico y no por la fruta robada.

El director debería haber tratado de averiguar *por qué* su hijo robó. Aparentemente ese personaje ignora el axioma de que el odio jamás ha curado nada. Su castigo fue una simple expresión de odio.

La mayoría de los niños roba en un momento u otro.

La mayoría tiene la suerte de que no los sorprendan. El castigo severo puede convertir al chico en un enemigo de la sociedad. *"Me castigaron duramente, y al diablo con ellos. Los combatiré eternamente; siempre seré antisocial."* Afortunadamente, casi todos los niños son sanos y no tienen esta reacción extrema.

Por regla general, los maestros son individuos ignorantes. Saben poco de psicología. Siguen el camino más fácil. Desde su punto de vista, el castigo archiva por lo menos la responsabilidad de investigar la *causa*. El castigo le asegura al maestro una vida tranquila. Lo abominable es que este sistema se aplica en escala universal, en las escuelas de todos los países.

Pero, querida señora, pregúntese usted misma si le da al chico suficiente cariño. Estoy convencido de que la mayoría de los jóvenes ladrones roba amor en forma simbólica.

Naturalmente, en "Summerhill" se producen robos ocasionales, pero los encaramos sin recurrir al castigo. Toda la comunidad escolar solicita la devolución del dinero. Y siempre les advierto a los jóvenes ladrones que si robaran fuera de la escuela los damnificados podrían pedir la intervención de la policía, en cuyo caso yo no podría protegerlos. Porque la ley, lo mismo que el director de escuela del que usted me habla, busca el castigo.

Un padre temerario le habría preguntado a ese director: "¿*Usted* nunca robó cuando tenía 12 años?" El mal maestro es aquel que ha olvidado su infancia y que por lo tanto está totalmente fuera de contacto con los niños.

¿Me pregunta qué puede hacer para ayudarlo? Amelo, abrácelo, apóyelo. Dígale francamente que su maestro está equivocado.

ENFURRUÑAMIENTO

Mi hijo, John, es un enfurruñado. Tiene 11 años. Cada vez que mi esposo y yo le pedimos que haga algo que lo fastidia, gruñe y se enfurruña. En verdad, se enfurruña ya sea que la directiva provenga de nosotros o de cualquier otra persona. Algunos de sus amigos lo llaman "Llorón" porque cuando no se sale con la suya en un juego se aparta y pone mala cara. ¿Qué me sugiere?

No le sugiero nada.

¿Pero por qué se preocupa? La mayoría de la gente se enfurruña cuando está irritada o se siente feliz. El niño enfurruñado piensa que no lo han tratado bien. No puede devolver el golpe a los adultos hostiles, y su enfurruñamiento expresa su agresión reprimida contra la autoridad. Si pone mala cara en su hogar, es natural que su sistema de resentimiento continúe teniendo vigencia en los juegos que practica con sus compañeros.

El enfurruñamiento es un fenómeno interesante. Una esposa critica a su marido. En lugar de responder, este se enfurruña... *"Te las haré pagar, maldita bruja, no te hablaré."* El enfurruñamiento sustituye la respuesta.

Si yo estuviera en su lugar, me preguntaría qué es lo que estoy haciendo para provocar su agresión sorda. El niño tiene algún agravio. Debe sentir que está demás.

TELEVISION

Jimmy es un niño simpático, amoroso y bueno, pero se pasa todo el día pegado al televisor. No lee absolutamente nada. ¿Qué puedo hacer?

Calma, calma, no puede volver atrás el reloj. A la televisión no la mueve nadie.

La televisión ha liquidado gran parte de la lectura. Cuando yo era niño leía el *Ivanhoe* de Scott, salteando las descripciones del paisaje. Hoy un niño puede absorber la historia en 75 minutos de televisión.

Si el niño se pasa el día sentado en un banco, estudiando lo que no le interesa, tiende a continuar el proceso en su casa y a sentarse pasivamente en el mundo de fantasía que crean tantos programas de televisión. El chico se está evadiendo: es más fácil evadirse mediante la contemplación de una pantalla que mediante la lectura de un libro. Pero eso es inevitable, porque nadie puede obligar a un niño a leer un libro o a utilizar las manos para producir cosas.

No tiene por qué alarmarse, señor padre, porque la etapa no será eterna. Si el chico tiene agallas, energía y ambiciones, se destapará... cuando esté en condiciones de hacerlo.

Me gustaría que en una escuela se practicara un experimento. Este consistiría en convertir toda la jornada en un largo espectáculo de televisión, para comprobar luego si los alumnos optan por evadirse de la pasividad fabricando objetos con madera, metal, arcilla o agujas.

Usted dice que su hijo no lee. Me pregunto en qué medida eso importa. He conocido hombres que leían todo: eran enciclopedias ambulantes y siempre tenían una respuesta cuando los consultaban. Pero sabían mucho y entendían poco. ¡Ah! Claro que soy parcial, porque siempre he preferido a los que hacen respecto de los que leen. Yo mismo preferiría comprar un torno y no la *Encyclopaedia Britannica.*

No hostigue a Jimmy preguntándole: "¿Por qué no

dejas el televisor y lees un libro?" Si procediera así, Jimmy dejaría de ser "amoroso y bueno" para convertirse en un niño rebelde.

COMIDA Y ALIMENTACION

Mi hijo tiene 11 años y está 25 kilos excedido en el peso. ¿Debo obligarlo a hacer dieta?

Usted puede llevar un caballo a la alberca pero no puede obligarlo a beber. Dudo mucho de que se pueda hacer algo con el niño en su casa. Ningún chico se siente feliz cuando debe ingerir una dieta de ensalada mientras ve que el resto de la familia devora jamón con huevos.

Si el niño no entiende que algo es necesario, resulta muy difícil inducirlo a modificar sus hábitos. Si su hijo fuera adolescente y las chicas se rieran de su gordura, tendría un motivo para adelgazar, pero un niño de 11 años no tiene dicho motivo. ¿Por qué se preocupa tanto? He visto niños que eran gordos a los 10 y flacos a los 20.

Aunque los trastornos glandulares son muy poco comunes, es posible que su obesidad no sea de origen alimentario. Sólo un médico estaría en condiciones de juzgar si sus glándulas funcionan bien o no. Pero si el médico le dice que el organismo de su hijo marcha normalmente, déjelo en paz.

—

Mi hijo de 6 años es exageradamente remilgado en materia de comidas. Parece que sólo le gusta comer albóndigas, chuletas y helados. Nuestro presupuesto no nos permite comprar chuletas a menudo, y mi esposo y yo

estamos sencillamente hastiados de comer albóndigas. ¿Cuál es la solución?

Si su hijo es tan exigente procure servirle lo que le gusta, pero para satisfacerlo no obligue a todos los miembros de la familia a acomodarse a sus preferencias. ¿Su hijo quiere vivir alimentándose con albóndigas? ¡Excelente! Pero eso no significa que el resto de la familia deba imitarlo. No es correcto obligar a un niño a comer lo que no quiere, y es igualmente incorrecto obligar a una familia a comer lo que sólo uno de sus miembros quiere.

En "Summerhill" tenemos un niño que se niega a comer cordero, o rosbif, o salchichas, o verduras. Lo único que quiere es un plato de papas con manteca. Le servimos puré todos los días... porque es fácil de preparar. Pero si pidiera una comida china o pato a la naranja, ni soñaríamos en satisfacerlo. A juzgar por la experiencia pasada, no tardará en llegar el día en que ese niño querrá comer lo mismo que comen los otros niños. Pero fuera como fuere, sería ridículo decir: "A Jimmy sólo le gustan las papas con manteca, de modo que ahora todos los otros chicos tendrán que acomodarse a su dieta." A mí me parece igualmente ridículo que usted diga: "A mi hijo le gustan sólo las albóndigas, de modo que a partir de ahora mi esposo y yo nos alimentaremos con albóndigas, un día sí y otro también."

Mi consejo práctico consiste en que ustedes deben satisfacer los gustos de su hijo dentro de límites razonables, lo que ciertamente implica que su dieta debe circunscribirse a sus posibilidades económicas. Además, para que su hijo no se malcríe y se convierta en el amo del gallinero deben inducirlo a adaptarse a las necesidades de los otros miembros de la familia. La solución al problema debe ser de índole transaccional: lunes, albóndigas; martes, pescado; miércoles, tallarines y queso... algo por el estilo. Si el nene no comiera los días que no hubiese albóndigas, simplemente debería aguantarse. No se preocupen, porque no se morirá de hambre. Se alimentará con pan y agua, hurgará en la heladera o la despensa, encontrará una cosa u otra para calmar su apetito, pero no se morirá de hambre.

Sospecho que los complejos alimentarios de los niños llevan implícito algún elemento de protesta. Es posible que recurra a sus preferencias y aversiones particulares para proclamar: "*Soy el personaje de esta casa. Lo que yo digo se hace. Pásame el helado.*" Los caprichos de Johnny deben inducirlos a tratar de descubrir cuál es exactamente la motivación oculta del niño. ¿Qué simboliza su aversión especial?

CHUPARSE EL PULGAR

Mi dentista me dice que debo hacer algo respecto a la costumbre de mi hijo, que consiste en chuparse el pulgar. El chico tiene 12 años. ¿Cómo puedo quitarle ese hábito?

Miles de niños se han chupado el pulgar y han seguido viviendo normalmente. No sé cómo se quita ese hábito. Todos los métodos de prohibición me parecen malos: atar la mano, untar el pulgar con una sustancia de sabor desagradable, las zurras, los sermones. Ninguno de ellos lleva a buen puerto, y lo que es peor todos pueden tener consecuencias perniciosas.

El acto de chuparse el dedo debe de tener algo en común con la lactancia. Lo mismo que la propensión a comerse las uñas, es un síntoma inofensivo de alguna etapa anterior que nunca terminó de consumarse. Es posible que el reprimirlo determine que el niño revierta en hábitos peores: el de ensuciarse los pantalones, por ejemplo.

No creo que el hecho de que el niño se chupe el dedo sea tan grave como para causar preocupación. Todos los niños pierden tarde o temprano esta costumbre.

LA HORA DE ACOSTARSE

Sam es un chico inquieto. Nunca se acuesta a horario. La mayoría de los niños de 10 años ya duermen a las 22 horas, pero Sam no concilia el sueño. Todas las noches se revuelve en la cama durante una hora o dos. Y nos reprocha: "¿Por qué me meten en la cama cuando no puedo dormir?" ¿Debemos permitir que merodee por la casa hasta más o menos las 23 horas, o hasta que se sienta verdaderamente cansado?

Yo sería partidario de dejarlo ir a la cama cuando él quiera. La misma naturaleza le regulará el tiempo... y posiblemente en un lapso muy breve.

Mi hijo se niega a ir a dormir. Si lo dejo levantado tanto como quiere, al día siguiente está somnoliento y muy cansado en la escuela. Si lo obligo a acostarse, lo hace pero no duerme, y vuelve a estar cansado durante toda la jornada escolar. ¿Cómo puedo acostumbrarlo a conciliar el sueño a una hora decente?

A ningún chico le gusta acostarse mientras los adultos se quedan mirando televisión. Es posible que este niño tenga miedo de quedarse solo, o que simplemente quiera fastidiar a sus padres, si estos son severos con él; o que la cama le traiga connotaciones de masturbación y culpa, algo que conviene postergar.

Puede tratarse de una de esas criaturas de tipo introvertido que nunca juegan o corretean. Es posible que el cansancio en la escuela tenga otro origen: quizás el odio a las lecciones. Puede haber un millar de razones para que no quiera irse a la cama. Aparentemente es inútil enviarlo a su cuarto y hay que cambiar el método.

En "Summerhill" aparece a veces un niño con esas mismas características. De vez en cuando la comunidad resuelve por votación que se lo exceptúe de las normas que rigen el horario nocturno y que se lo autorice a permanecer toda la noche levantado. El pequeño búho usufructúa su privilegio cuanto más durante dos noches y después acepta el horario general. Nunca tuve noticias de que este sistema se aplicara en un hogar, pero quizá valdría la pena probarlo, porque la coacción es inútil. Verifique esta teoría observando atentamente si el chico está cansado en el fin de semana, cuando no tiene clases. Quizá también convenga consultar a un buen psicólogo.

JUGUETES

Mi hijito recibe demasiados regalos de los amigos. En Navidad recibió 20, jugó con unos pocos durante un breve lapso, y ahora se apilan en el cuarto. ¿Debo negarme a permitir que la gente le regale juguetes?

Los juguetes implican un 90 por ciento de derroche de dinero y material. Sobre todo los de tipo mecánico. Según Vance Packard, los Estados Unidos son ahora una colosal máquina de derroche donde un artefacto desplaza a otro a medida que lo decretan los agentes comerciales.

Veo que los niños reciben montones de cosas sin siquiera tener que levantar la mano para conseguirlas. Como consecuencia, sucede a menudo que estos artefactos carecen de valor para ellos. Hay muchísimos regalos costosos que los niños arrumban al poco tiempo. ¿Cuántas guitarras que reclamaron los admiradores de los Beatles yacen abandonadas en las casas?

Me temo que cuando nuestra sociedad disfrute de abundante tiempo de ocio, serán pocos, poquísimos, los que estarán en condiciones de aprovecharlo. Hoy las masas identifican el ocio con los canódromos, el *bingo**, los partidos de fútbol, la televisión, o sea una serie de entretenimientos en modo alguno creativos.

Pero en cuanto a su hijito, no sé cómo podrá impedir que reciba regalos. Si los prohibiera, él le guardaría rencor. Además, se sentiría inferior a sus amiguitos que sí los reciben. Al fin y al cabo, los juguetes no le harán daño, y los amigos generosos quedarán satisfechos con sus repartos navideños.

No, no prohíba los regalos. Junte los trastos acumulados y envíelos luego a un orfelinato.

Hace un año, Stevie me fastidiaba pidiéndome una bolsa de arena para practicar boxeo. Se la compré. Después de tres semanas pareció hastiarse de ella y me pidió que le regalara un pequeño juego de bolos. También se lo compré, pero el interés que le prestó fue muy efímero. Ahora dice que va en serio: quiere que le compre una bicicleta. Puesto que es un poco esmirriado y necesita ganar confianzas en

* Lotería de cartones que se juega por dinero. *(N. del T.)*

su propio físico, me estusiasma la idea de que practique deportes. Pero veo que en el pasado no utilizó lo que me ha sacado de quicio. ¿Puedo imponerle alguna condición antes de comprarla, o sacarle una promesa, o qué debo hacer?

¡Nada de condiciones, nada de promesas! Sus regalos anteriores no revestían una importancia suficientemente fundamental: lo mantenían atado a una habitación. La bicicleta le permitirá explorar el mundo que lo rodea. Le promete aventuras, algo que no prometían los otros regalos.

Pero esté preparado: probablemente montará en la bicicleta sin cesar durante una semana y luego se olvidará de guardarla adentro y la dejará a la intemperie. Es lo que hacen todos, benditos sean.

No se inquiete por eso. Sólo es metal que cuesta dinero, y el dinero se puede reemplazar.

Los padres nunca deberían poner condiciones: *"Si apruebas el examen con una buena nota, te regalaré una bicicleta."* Mal, muy mal. Y estúpido, para colmo. Imagino ver el destello que aparecería en los ojos de mi buen amigo Henry Miller si alguien le ofreciera un Rolls Royce con la condición de que se sentara a escribir un libro. Henry se reiría y arrojaría la lapicera.

Cuide que el chico reciba una buena instrucción sobre seguridad en el tránsito. Maneje las cosas de buen talante, y si los resultados no se ajustaran a sus proyectos, nada de recriminaciones. El chico es mucho más importante que la bicicleta.

FANTASIA

¿Debo decirle a mi chico la verdad sobre Papá Noel?

¡Querido viejo Papá Noel! Yo creía que ese anciano decrépito estaba muerto y que las tarjetas de Navidad no eran sino homenajes a su memoria. En estos días nunca encontré un niño que creyera en él, pero antes eran pocos los padres que no fantaseaban con sus hijos sobre el personaje. En estos tiempos de la calefacción de vapor y las estufas de gas, debe de ser difícil explicar que Papá Noel baja por la chimenea. En un mundo poblado por "jets", un chico con un poco de imaginación debe de preguntarse qué hacen los venados de hocico rojo para evitar choques y para escapar indemnes.

Lo exhorto a contar cuentos a su hijo, pero a contarlos como cuentos, no como hechos. Tengo la impresión de que un padre capaz de engañar a su hijo respecto de Papá Noel también sería capaz de engañarlo respecto del alumbramiento y de decirle que al nene lo trae la cigüeña. Semejante padre será proclive a advertirle al hijo que se irá al infierno si se masturba o que se le caerá la lengua si miente.

Será mejor que sepulte al viejo Papá Noel y que lo deje descansar en paz. Tal como están las cosas ya circulan demasiadas ficciones por el mundo. Si usted sintiera la necesidad de disfrazarse de Papá Noel, cuide que su hijo sepa quién está detrás de la barba blanca y la capa roja. Su hijo también deberá ver cómo la madre deposita los regalos al pie de la cama. Evite la patraña de los milagros.

Mi hija, Carol, que ahora tiene 9 años, parece soñar despierta durante todo el día. ¿La fantasía es mala para los niños?

¿Qué es la fantasía, al fin y al cabo? Es imaginar la

materialización de los deseos. Todos fantaseamos, cualquiera que sea nuestra edad. Hace muy poco tiempo que renuncié a la fantasía de que alguien llamado Rockefeller leyera mis libros y donara un millón de dólares a "Summerhill", pero esa fantasía no me hizo olvidar la realidad del trabajo. El hombre que construyó el Empire State Building debió de imaginarlo en su fantasía antes de empezar a edificarlo. Yo soñé con escribir este libro.

El cielo es una fantasía que consuela a mucha gente, y sobre todo a los afligidos. Los humanistas alimentan una fantasía sobre un paraíso terrenal que es poco probable que se concrete en nuestro tiempo. Admito que la mayoría de las fantasías no se cumplen. De modo que si todos nosotros, los adultos, fantaseamos, ¿por qué no habría de hacerlo también un niño? La fantasía es natural y normal. Si aboliéramos la fantasía, toda la literatura narrativa nos aburriría.

Sea como fuere, aunque usted piense que la fantasía es mala para su hija, no puede hacer nada al respecto.

SALIDAS NOCTURNAS

Estoy asustada. Mi hija tiene 17 años y ha trabado amistad con jóvenes que lanzan sus coches a toda velocidad y beben y se manosean y quizás hacen algo más que manosearse. Vuelve tarde, a veces en las primeras horas de la mañana. No hace caso de lo que le decimos mi esposo y yo. ¿Qué podemos hacer?

Pienso que centenares de miles de padres podrían formular esta misma pregunta. Los padres deben enfrentar la cruel verdad de que no pueden hacer absolutamente nada en lo que concierne a sus hijos adolescentes. Las prohibiciones y los sermones empeoran las cosas. Avivan todo el resentimiento oculto que tantos adolescentes alimentan respecto de sus padres.

La amarga verdad consiste en que el hogar es demasiado aburrido para los jóvenes. En una oportunidad vi el anuncio ilustrado de una mesa de billar en miniatura. "Retenga a sus hijos en casa por la noche", decía. Dudo de que esa mesa haya retenido a un solo muchacho en casa. Para los padres el hogar es un lugar tranquilo donde hay sillones mullidos, un televisor, una biblioteca. Es un lugar para reponerse de los trabajos domésticos, un refugio para olvidar la oficina. Los jóvenes no quieren descansar, quieren moverse. Eso explica la locura del "pop". Los jóvenes anhelan estar en compañía de jóvenes, bailar, escuchar música, beber unos tragos. Los jóvenes buscan ante todo y sobre todo la compañía de sus pares. Los padres prudentes aceptan esta realidad. No sólo la toleran sino que intentan aprobarla.

Conjeturo que lo que a usted le inquieta verdaderamente es esta idea: *Tengo miedo de que mi hija quede embarazada*. El mejor camino para llegar al embarazo pasa por la prohibición del sexo. Las chicas educadas en una atmósfera de libertad pocas veces quedan embarazadas.

En otra época creía que la autoridad estricta que los padres ejercían sobre sus hijos era primordialmente un producto de los celos que les causaba la vitalidad, la locuacidad y la belleza de la juventud. Ahora no estoy tan seguro de que sea así. Los padres están verdaderamente asustados. El mundo actual está poblado de temores y agresiones militares. Nuestra civilización está muy, muy enferma, y las fuerzas capaces de desencadenar en breve la tercera y última guerra (Vietnam, Rhodesia, el odio racial) tienen su contrapartida en nuestra organización social: aumento alarmante de la criminalidad, mayor consumo de drogas, la carrera sin fin en pos del dinero y el status. Vivimos en un mundo desequilibrado, conflictuado, un mundo ciertamente muy peligroso. Y la vieja generación ha quedado muy atrás. La mayoría de los padres no consigue entender por qué un millón de muchachas histéricas, en actitudes delirantes, aúllan delante de los Beatles, ni por qué la juventud rechaza las viejas culturas y las viejas religiones. El *Brave New World* (Un mundo feliz) de Aldous Huxley es un mundo aterrador que vive para el presente. Un día le pregunté a un muchacho de 15 años: "¿Qué serás cuando seas grande?", y él me contestó sonriendo: "Usted querrá decir *si* llego a ser grande."

La alarma parental es racional, ¿pero es necesaria? Los padres que han cultivado una atmósfera hogareña de confianza mutua no tienen razones para preocuparse si su hija llega tarde. Si a los 16 años nuestra propia hija hubiera regresado a casa a las 2 de la mañana, a mi esposa y a mí no se nos habría ocurrido preguntarle de dónde venía. En primer término, nos lo habría dicho sin que se lo preguntáramos.

El problema se reduce en verdad a lo siguiente: ¿Usted teme por su hija en razón de que usted misma no tiene equilibrio ni confianza? ¿Usted proyecta en su hija su propio temor a la vida?

Acepto los factores objetivos: el peligro de que viaje en coche con jóvenes borrachos, de que se mezcle con drogadictos, de que la seduzcan bajo los efectos del alcohol. Pero alego que una chica criada libremente y con amor no se mete en aprietos sólo porque la casualidad quiere que esté fuera de su casa.

La mejor forma de llevarla por el mal camino consiste en sermonearla, regañarla e intimidarla. Bastará que le inculquen la idea de que el sexo es un tema prohibido; y si son religiosos, no dejen de decirle que el sexo implica un pecado contra Dios. Entonces podrán estar prácticamente seguros de que se rebelará. Y sometido a semejante estímulo, el pensamiento podrá dejar paso a la acción.

Nuestra hija Susan tiene 17 años. La otra noche volvió a casa a las 5 de la mañana y nos encontró a mi esposo y a mí mordiéndonos las uñas, preguntándonos si debíamos llamar a la policía, atormentados por la idea de lo que podía haberle sucedido. Bien, ahí estábamos en plena crisis

cuando entró. Después que le hubimos reprochado que volviera tan tarde sin prevenirnos por teléfono, ella subestimó nuestra angustia y gritó indignada: "¿Qué sucede, no confían en mí?" Sinceramente, no supimos cómo reaccionar ante semejante estallido. ¿Qué se puede decir? Quizás en el fondo nos preocupe que la chica cometa algún desliz, aunque también debe de haber una dosis de preocupación sincera por su seguridad cuando no vuelve hasta las 5 de la mañana.

¡Ay de mí! Desde los Estados Unidos me llegan muchas consultas que parecen decir lo mismo: *"He perdido a mi criatura, ¿qué puedo hacer para recuperarla?"*

Si mi hija pasara toda la noche fuera de casa, ni mi esposa ni yo le preguntaríamos dónde estuvo. Confía en nosotros y nosotros confiamos en ella. ¡Vea hasta qué punto es sencillo! No experimentamos el menor temor de que se emborrache o quede embarazada.

Claro está que no conozco el medio que rodea a esta chica en particular. Imagino un entorno que podría asustar a cualquier padre. Si saliera con jóvenes inespertos que conducen el auto del padre bajo los efectos del alcohol, si conviviera con una pandilla de drogadictos o alcoholistas... sí, eso puede provocar alarma. Descarto hasta cierto punto el aspecto sexual porque la seducción siempre implica un acuerdo de las dos partes. Si la joven ha recibido una buena educación sexual es poco probable que la seduzcan, a menos que esté bajo los efectos de la bebida. Pero hay muchos hogares tan insoportables que los jóvenes buscan la diversión afuera. El hecho de que su hija haya regresado a las 5 de la mañana podría constituir una protesta porque siempre la tratan como si fuera una criatura irresponsable. Los padres que no entienden los intereses de sus hijas tienen líos en puerta.

La familia severa representa el mayor peligro para los jóvenes. Los grillos de acero que los padres forjan para ceñir a sus hijos a su propia visión anticuada de la vida son trampas en las que finalmente los mismos padres quedan pillados. Estos padres matan el amor y la alegría de sus hijos desde la cuna. Estos padres coartan la expresión y el deseo naturales.

¿Pero cómo podemos culpar a semejantes padres cuando toda su educación jamás los preparó para la tarea más importante del mundo: la de criar a sus hijos? El otro día le oí clamar a una joven de 26 años: "Conquisté mi diploma de *Bachelor of Arts* con una mención honorífica en matemáticas... pero ojalá alguien me hubiera enseñado a tratar a mi hijo."

El padre es un especialista que nunca estudió su especialidad. Trasmite a sus hijos su propia carga de ideas en materia de religión, política y moral, y después se sorprende y se angustia cuando descubre que ellos aborrecen ese lastre y que ha perdido todo contacto con su familia.

La delincuencia empieza en la guardería. Eduque a un niño con criterio antivida, regáñelo, péguele porque se ha ensuciado los pantalones... y estará en vías de crear un neurótico. Enséñele a su hijo a ser "bueno", enséñele que debe temerles a usted y a Dios, pervierta todos sus instintos naturales, y si después se encuentra con un niño difícil, sabrá el porqué.

La respuesta habitual es: "¿Pero acaso no todos los niños han sido moldeados, adoctrinados moralmente? ¿Entonces por qué sólo unos pocos se convierten en delincuentes?" Es una pregunta sensata. Yo no puedo contestarla. ¿Quién puede hacerlo? Claro que siempre se presenta el factor económico. Quizá lo que produce el resultado infausto es el impacto de un entorno miserable sobre un niño relativamente frágil. El niño nace en un barrio pobre. En su hogar no se conocen ni la cultura, ni los libros, ni las conversaciones serias. Sus padres son ignorantes, lo zurran y le gritan. Concurre a una escuela donde la disciplina rígida y los temas aburridos lo aturden. Su campo de juego es la esquina. Sus compañeros son niños que, por las mismas o parecidas razones, son desdichados. Sus ideas sobre el sexo son de índole pornográfica.

Ve otra gente que tiene dinero y autos y toda clase de lujos. Se siente postergado, en situación de desventaja. Cuando llega a la adolescencia se incorpora a una pandilla cuyo objetivo consiste en enriquecerse rápidamente de cualquier manera.

¿Cómo podemos curar a un niño con semejantes antecedentes? Nuestros reformatorios sólo lo abruman con una dosis mayor de esa disciplina contra la que se ha rebelado. La atmósfera de la prisión sólo agudiza su odio contra la vida y la humanidad.

Homer Lane demostró que la libertad puede curar a un delincuente, pero entre nosotros hay pocos Homer Lane y la magnitud de la delincuencia juvenil aumenta de año en año.

Si a todos los niños se los criara a la manera de "Summerhill", con libertad, la delincuencia juvenil se reduciría drásticamente. La libertad debe empezar en el hogar... en verdad, debe empezar en la *infancia*. Pero la inmensa mayoría de los padres carece de los conocimientos, de la paciencia o de la fe en la bondad de la naturaleza humana que se necesitan para convertir el hogar en un reino de libertad para los niños que traen a este mundo hostil.

Como siempre, me he puesto a divagar. Me dicen que este es uno de mis mayores atractivos. El escritor insulso es el que no se aparta del tema, tema este que demasiado a menudo es aburrido.

Volvamos a su hija Susan. Les aconsejo que confíen en esta joven de 17 años. Déjenla crecer a su modo y a su tiempo. Cada vez que desconfían de ella pierden otro fragmento de su cariño natural.

Y entre paréntesis, señora, ¿alguna vez usted volvió tarde cuando tenía 17 años?

PROCACIDADES

Mi hijo ha aprendido en la calle algunas palabrotas. Nunca oyó semejantes procacidades en nuestro hogar. Si bien entendemos que las palabras en sí no tienen nada de malo, nos sentimos muy abochornados cuando todos vuelven la cabeza al oír una de sus imprecaciones. En nuestro medio ese lenguaje jamás se usa en público. Le hemos dicho que personalmente no nos molesta su forma de hablar, pero que cuando blasfema con tanta prodigalidad nos rebaja delante de los vecinos. Por alguna razón no nos toma en serio. Aun cuando trata de moderar su lenguaje, de vez en cuando se le escapan palabrotas espantosas. ¿Qué debemos hacer?

Lamentablemente, no pueden trasgedir las reglas de la sociedad convencional diciéndoles a sus vecinos que son un hato de farsantes pacatos e hipócritas que probablemente se regodean en privado con fotos pornográficas, y que se ríen y se frotan las manos gozosamente cuando escuchan chistes obscenos —chistes que no son graciosos, sino sólo obscenos— y que dicen groserías en sus tabernas y clubes.

Observo que cuando en una película aparece una bacinilla los alumnos de "Summerhill" nunca se ríen, en tanto que todo el público del cine estalla en carcajadas. Son pocos los cuentos sexuales divertidos: en la mayoría de los casos son sólo sucios. En mi vida he oído centenares y he contado otros tantos, pero en este momento sólo recuerdo un cuento cochino que además es gracioso. No puedo reproducirlo aquí y lo lamento, porque es verdaderamente hilarante. Además, amigos lectores, les ruego que no me escriban para preguntarme cuál es.

Les sugiero que conviene que le enseñen a su hijo a distinguir entre los provida y los antivida. El niño debe tomar conciencia de que algunas personas se escandalizan. Un padre prudente se tomaría el trabajo de explicar también què la gente se escandaliza sólo cuando tiene un interés obsceno y pervertido en el sexo.

Mis alumnos emplean un vocabulario muy picante. Pero si un niño o una chica lanzan una procacidad durante una asamblea general de "Summerhill", mientras hay visitantes presentes, los otros lo critican.

En una ocasión tuve una nueva alumna de 5 años. Mientras ella empacaba sus cosas para ir a pasar las vacaciones de verano en su casa, la molesté involuntariamente.

—No jodas, carajo —me dijo.

—Susan —le contesté—, a tu madre le gusta "Summerhill", pero a tu padre no. Si vas a tu casa y le dices que no joda, carajo, es posible que te saque de aquí y te mande a otra escuela.

Cuando terminaron las vacaciones su hermana mayor me contó:

—En casa sucedió algo extraño. Susan no puteó ni una vez.

Sin embargo, la hipocresía está cediendo lentamente. Hace veinte años nadie podía usar por escrito la palabra *fuck* (coger). Incluso en el *Dictionary of Sland* (Diccionario de lunfardo) de Patridge figuraba como *f...k*. Cuando yo era niño· la palabra *damn* (maldicion) se escribía *d...n;* y cuando Shaw le hizo decir a Eliza Doolittle la palabra *bloody* (maldito), la prensa inglesa la imprimió como *b...y*. La publicación de *Lady Chatterley's Lover* (El amante de Lady Chatterley) y *The Tropic of Cancer* (Trópico de Cáncer) fueron jalones en el camino que conduce a la franqueza.

La dificultad que se plantea en torno de las procacidades juveniles consiste en que son muy a menudo una imitación de las procacidades adultas. Los niños oyen que los hombres que transitan por la calle utilizan pródigamente y fuera de contexto las palabras obscenas. Si la sexualidad se despojara de su hálito de pacatería y represión, las palabras obscenas perderían su vigencia. Las procacidades son vulgares porque pertenecen al lenguaje de la gente común. Los profesores dicen "ano", pero los marineros dicen "culo". Quizá deberíamos educar a nuestros niños para que renieguen delicadamente y griten: "¡Fornicación! ¡Excremento! ¡Micción!"

En razón del trabajo de mi esposo debemos vivir en un barrio que, para decirlo con un eufemismo, no es de categoría. Mi hijito debe buscar a sus compañeros de juego entre los que yo denomino, sin esnobismo, la clase trabajadora. Vuelve a casa diciendo palabras rudas. ¿Qué puedo hacer para protegerlo?

Me gusta el término "rudas". Tiene un encantador hálito victoriano. Cuando yo iba a la escuela leíamos la *Elegy in the Churchyard*, de Gray, que se refiere al lugar "donde descansan los rudos antepasados de la aldea". Yo pensaba que estaban sepultados en la sección reservada a quienes decían procacidades.

Después de leer su consulta alguien podría preguntar: "¿Esta señora es una esnob?" Sin embargo, creo que usted tiene un poco de razón, porque la posibilidad de conseguir un buen empleo depende a menudo del acento, y usted quiere que su hijo aprenda a hablar correctamente y que no asimile una pronunciación defectuosa. En Inglaterra, el acento *cockney* o de Lancashire puede condenar a los aspirantes a ciertos empleos. Sospecho empero que usted está más preocupada por la moral de su hijo, y sobre todo por su moral sexual, que por su acento, porque estoy seguro de que las palabras obscenas la espantan.

Yo no creo que la situación sea grave. Nosotros, que éramos hijos del maestro de la aldea, dialogábamos en el dialecto local con los hijos e hijas de los labradores, pero apenas cruzaba el umbral de mi casa hablaba automáticamente en lo que entonces se conocía como el inglés de la reina. Lo extraño era que los niños nunca mezclaban ambas lenguas.

De modo que no pierda la esperanza. Las palabrotas anglosajonas que aprendía afuera no me corrompieron. Tampoco corromperán a su hijo. Las palabras en sí mismas carecen de importancia. Lo que cuenta es la conducta. Estimada señora, su actitud respecto de su hijo influirá sobre su futuro mucho más que todas las palabras del universo.

Mi hijo usa toda clase de palabrotas. ¿Es esto normal?

El hecho de usar palabrotas guarda poca relación con la pobreza o riqueza del vocabulario que posea el individuo. Yo digo *Bloody* (maldito, pero también cruento) en lugar de *sanguinary* (sanguinario); digo *hell* (infierno) en lugar de *Hades* (averno); mis alumnos dicen *shit* (mierda) en lugar de *excrement* (excremento). No sé por qué las palabras anglosajonas son indecentes. Sospecho que la proscripción que rige sobre ellas es de naturaleza esnob. Un profesor universitario habla de *sexual intercourse* (cohabitación sexual)... un marinero aplica al mismo acto el término *fucking* (coger). Pero en nuestro tiempo muchos intelectuales también optan por las expresiones más sencillas.

A veces las palabrotas son simplemente elocutivas y tienen escasa trascendencia. La temeridad en el hablar debe ser una consecuencia pura de la represión. Las palabrotas sexuales implican una sana protesta contra la actitud obscena que asumimos respecto de todo lo sexual, así como nuestras palabras blasfemas son una protesta contra las perversiones de la cristiandad.

¿El lenguaje atrevido es normal? Lo sea o no, la imitación sí lo es. Su hijo no hace más que repetir con deleite lo que ha oído decir a otros... con deleite.

AUTOMOVILISMO

Johnny tiene 17 años. En nuestro estado puede conducir con un registro de principiante. Los legisladores alegan que tiene edad suficiente para manejar un auto durante el día y con ciertas restricciones.

Mi esposo y yo no creemos que a su edad nuestro hijo

sea suficientemente equilibrado como para conducir un coche. Johnny piensa que somos un par de vejestorios y alimenta un fuerte sentimiento de persecución. El rencor que experimenta porque no le permitimos hacer lo que otros muchachos hacen parece aflorar en todo momento y se agudiza a medida que pasan las semanas. El hecho es que tenemos un miedo mortal de que el chico se meta en un auto y se mate en un accidente de tránsito. ¿Qué podemos hacer?

Su consulta no aclara si Johnny es un buen conductor ni si conoce las leyes de tránsito.

Los jóvenes son los responsables de la mayoría de los accidentes. Las estadísticas demuestran que los hombres mayores de 60 años son los que sufren menos accidentes.

He aquí una situación difícil. Si frustran los deseos de Johnny, es probable que este maneje el auto de un amigo sin que ustedes se enteren. No conozco la psicología del chico. Muchos accidentes deben de ser premeditados inconscientemente. El tipo agresivo se comporta como si fuera dueño de la ruta y nadie más importara. *"Los pasaré a todos. Haré lo que me plazca y al diablo con los otros conductores."* Y además incluye el deseo de hacer ostentación... sobre todo si en el auto viajan chicas. *"¿Viste cómo esquivé a ese Caddy por un pelo?"*

Si fuera mi hijo, lo sacaría un par de veces y lo observaría mientras conduce. Si pasara a otros coches peligrosamente o en las curvas, o si trasgrediera el límite de velocidad, le diría sinceramente que no es lo bastante bueno como para conducir mi auto.

Pero no basta con dictar una simple prohibición. Por el contrario el sistema puede ser contraproducente. *"Les mostraré qué bien conduzco; pasaré a todos los autos de la ruta.*" No deje que entre a jugar el sentimiento de venganza. "*Les haré pedazos el maldito auto; se lo merecen por sus estúpidas prohibiciones.*" Sin embargo, yo le diría que si sufriera un accidente, aunque este fuera minúsculo, no podría volver a manejar el coche de la familia.

EL TABACO

Nuestra hija, Janet, vino el otro día a casa fumando un cigarrillo. Tiene 17 años. A juzgar por su expresión, comprendí que creía estar dando una prueba de viveza. Lo que es más, sabía que su acto de franca rebelión me irritaría. Desde un punto de vista moral no me interesa que fume o no, pero el hecho me inquieta por razones de salud.

El propósito de mi carta consiste en explicarle que no sé cómo encarar su rebeldía juvenil y su necesidad de probar que ella será dueña de sus propios actos y hará lo que se le ocurra.

Janet es una chica inteligente, e intuyo que escucharía mis razonamientos si pudiera entablar comunicación con ella. Pero a esta altura de su vida parece sentir una necesidad abrumadora de repudiarme como figura de autoridad, y la idea de hacerle discutir este tema conmigo con franqueza y racionalidad me intimida. ¿Las madres estamos derrotadas? ¿Hay alguna piedra de toque a la que yo pueda recurrir para lograr que mi hija me hable como si yo fuera otro ser humano y no una madre exigente?

Estimada señora, no sé qué decirle. Janet hace lo que hace la mayoría de los jóvenes: trata de romper amarras. ¿Pero por qué no cortó usted misma esas amarras mucho antes de que Janet tuviera 17 años?

Este antagonismo de los jóvenes contra los viejos es innecesario. Estoy seguro de que lo que se ha dado en llamar reacción edípica desaparecería si los padres se comportaran humanamente con sus hijos. Los padres se presentan como pequeños dioses de hojalata a los que hay que temer, respetar, obedecer. No es extraño que los jóvenes se exasperen y se rebelen.

Evidentemente, señora, usted está desconectada de Janet y lo está desde que la alumbró. La rebeldía no prospera donde no hay nada contra qué rebelarse. En demasiados hogares los padres están en pugna con los hijos en lugar de estar *de parte* de ellos. Por favor, deje ya de sermonearla. Los cigarrillos le harán mucho menos daño que la firme convicción de que su madre es alguien que siempre la está regañando y le está prohibiendo una cosa u otra. Déjela en paz... aunque en este caso usted tenga razón.

¿Fumar? Me temo que no podrá hacer nada al respecto. No podrá combatir contra los colosales intereses de la industria del tabaco que gasta millones de dólares en propaganda. Lamentablemente no es un consuelo saber que el temor inconsciente a la bomba H explica no sólo por qué la gente fuma y recurre a otros medios para desahogar la tensión, sino que explica también gran parte de la delincuencia juvenil. El inconsciente de su hija toma la palabra y dice: *"Todos vamos a morir jóvenes, de modo que divertámonos mientras se pueda."*

No, en el mundo temible e inseguro de hoy es inútil predicar a los jóvenes sobre insignificancias tales como los peligros para la salud. En un mundo enfermo son muchos los que deben estar enfermos.

Mi hijo concurre a la escuela superior. Tiene 16 años.

Muchos de los chicos de su grupo fuman a escondidas. Ni mi esposo ni yo pensamos que el fumar sea censurable desde el punto de vista moral. Lo cierto es que ambos fumamos. A lo largo de años y años nos hemos convertido en fumadores empedernidos.

Sin embargo, ahora ambos estamos convencidos de que el fumar es un hábito pernicioso que puede ser fatal para la salud. El gobierno federal acaba de promulgar una ley en virtud de la cual los fabricantes de cigarrillos tienen la obligación de estampar en cada atado la advertencia de que el fumar constantemente puede perjudicar la salud. Hoy, casi todos comprenden que el cáncer de garganta está mucho más difundido entre los fumadores que entre los no fumadores. En otras palabras, queremos alertar a nuestro hijo contra el peligro del cigarrillo.

Naturalmente, él tiene pleno derecho a responder: "Ustedes fuman, ¿por qué no habría de hacerlo yo?" ¿Cómo podemos abordar a nuestro hijo para hacerle entender que estamos sinceramente preocupados por su salud, y que no nos interesan en modo alguno las anacrónicas objeciones morales? El hecho de que tenga 16 años no importa. No querríamos que fume aunque tuviera 36.

Entiendo el problema que se les plantea. Yo también fumo mucho, generalmente en pipa, y me siento un poco ridículo cuando prevengo a los jóvenes contra el cáncer de pulmón.

En nuestro parlamento escolar de "Summerhill", un niño propuso que todos, cualesquiera que fuesen sus edades, tuvieran derecho a fumar. Yo propuse una enmienda, en el sentido de que sólo se autorizaran las pipas y los cigarros. Se aprobó por una pequeña minoría. Durante tres días hubo un despliegue de cigarros, pero cuando se agotaron los fondos para gastos menudos los cigarros desaparecieron.

La situación no sería muy distinta si mi personal docente y yo no fumáramos. Conozco una escuela donde el fumar es una trasgresión punible, y naturalmente unos cuantos chicos se escabullen hasta el monte y dan unas cuantas chupadas subrepticias al cigarrillo. Es la ley la que engendra el crimen.

Sinceramente, no sé qué hacer o decir acerca del cigarrillo. Si uno lo proscribe, pasa a la clandestinidad con todo el magnetismo del fruto prohibido. Si uno divulga sus peligros, los jóvenes hacen oídos sordos. Las nutridas legiones del comercio han tomado el partido del tabaco. Usted, la madre preocupada, lucha contra fuerzas muy superiores.

Digamos al pasar que tengo una teoría sobre el cáncer de pulmón. Cuando yo era chico mucha gente fumaba cigarrillos pero nunca se hablaba del cáncer del pulmón. Hoy, se pulverizan insecticidas sobre las plantaciones de tabaco. La mayoría de los fumadores de cigarros y pipa no traga el humo, y en consecuencia no sufre los efectos del insecticida. Pero los fumadores de cigarrillo inhalan esos productos venenosos. Mi teoría se asienta sobre las revelaciones de ese libro inquietante, incluso alarmante, que se titula *Silent Spring*. Sin embargo, mi teoría no la ayudará a usted, señora, a convencer a su hijo. De modo que le conviene poner fin a su campaña y dejarlo en paz.

LA BEBIDA

Mi hijo, de 18 años, se ha aficionado a la bebida. Todos los días, cuando sale del colegio, se detiene en una taberna con algunos amigos y bebe un vaso de whisky. A esta altura

no es un alcoholista inveterado, ni está próximo a serlo, pero intuyo la tendencia y eso me espanta. ¿Hay algo que pueda hacer ahora?

Cuando un muchacho de 18 años se aficiona al whisky, es lícito pensar que en su entorno debe de haber una carencia deplorable. Quienes beben compulsivamente siempre lo hacen para evadirse de la realidad.

Claro que no sé cuáles son sus problemas particulares. Pienso que lo mejor que puede hacer es someterlo a algún tipo de terapia... siempre que él esté de acuerdo. Pero sería inútil ponerlo en manos del terapeuta si su hijo se opusiera. Ustedes, los padres, no están en condiciones de identificar con exactitud las razones por las que bebe, pero quizás un buen analista podría hacer aflorar a nivel consciente algunas de las angustias secretas que lo impulsan a buscar una evasión en el alcohol.

Un hombre apuntalado por una filosofía sólida de la vida puede afrontar con coraje su situación personal, no obstante la acumulación diaria de problemas, pero es posible que el hombre que se siente inferior necesite baber para reunir ese mismo coraje. Si el individuo es tímido por naturaleza, es posible que unos tragos lo hagan sentirse temerario. Si su entorno es opaco y rutinario unos pocos whiskies pueden elevarlo a un mundo más estimulante, un mundo en el que su persona cobra importancia. El hombre fuerte bebe un trago al pasar; el débil debe beber sistemáticamente porque cuando está sobrio el mundo real se le hace imsoportable.

Cuando el alcoholista es joven, el punto clave es el siguiente: ¿Cuáles son las necesidades interiores que impulsan a su hijo a beber? ¿Se siente inferior a sus compañeros? ¿Ustedes, sus padres, han exigido demasiado de él? Deben preguntarse: *"¿Qué es lo que nuestro hijo trata de olvidar? ¿Y por qué? ¿Qué hemos hecho* NOSOTROS *para inducirlo a buscar consuelo en la taberna?* ¿NOSOTROS *hemos contribuido realmente a darle la vida más plena y dichosa que estaba a nuestro alcance?"* Conozco casos de jóvenes que se han aficionado a la bebida porque sus padres los azuzaban constantemente para que progresaran en la vida... *"Debes apegarte a tus libros si quieres triunfar en la vida."*

Ahora las respuestas no los ayudarán demasiado. La mayoría de ellas llegará demasiado tarde.

No, en un caso como este sugiero un tratamiento psicológico.

Estudio en una escuela superior de la ciudad de Nueva York. Tengo 16 años. En la escuela a la que concurro impera una vida social muy activa. Todas mis amigas me han invitado a fiestas de compañeros. Ahora me toca el turno de celebrar una de dichas fiestas. Mi madre está dispuesta a organizarla, pero se niega terminantemente a servir cerveza. En todas las reuniones a las que he concurrido es habitual servir cerveza, y tanto los muchachos como las chicas esperan encontrarla en sus convites. A mí personalmente no me gusta, pero me sentiría muy abochornada si quienes la desean no la encontraran. Le he dicho a mi madre que si no accede a servir cerveza prefiero que no haya fiesta. Hasta ahora se ha mantenido tan incólume como el Peñón de Gibraltar. ¿Puede explicarme esta actitud?

Si mi hija quisiera servir cerveza en una fiesta, yo se la proporcionaría de muy buen grado. Es posible que la negativa de su madre se explique por el temor de que el alcohol le haga perder su autocontrol adolescente y de que como consecuencia de ello usted quede embarazada. Naturalmente eso podría suceder, pero si yo estuviera en el lugar de su madre correría los riesgos implícitos en la cerveza para conservar su afecto.

CONSUMO DE DROGAS

Probablemente ha oído hablar en Inglaterra de que el consumo de drogas ha llegado a su apogeo entre la juventud norteamericana. Mi hijo es alumno de la Universidad de Berkeley, en California, circulan noticias en el sentido de que el consumo de drogas está muy difundido en las universidades norteamericanas, y los rumores incluyen a Berkeley. ¿Puedo hacer algo para evitar que mi hijo siga este camino? Sé que los sermones, como tales, caerán en el vacío, porque comprendo que a su edad menosprecia los valores de los padres y piensa que somos unos anticuados. Sabemos que sus actitudes y las nuestras respecto del sexo están separadas por un abismo. Amonestarlo en términos morales acerca de las drogas será inútil. Pero nos gustaría prevenir la destrucción que se abate sobre tantos jóvenes adictos a las drogas. ¿Qué criterio me aconseja seguir?

Usted es sincera y por lo menos comprende que los consejos parentales son inútiles. Lo triste es que nunca nadie aprende merced a la experiencia ajena. Aprende, sí, cuando se trata de minucias, como en el caso de la resolución de ecuaciones de primer grado, pero no cuando se trata de problemas emocionales.

Generalmente los jóvenes toman pocas providencias para el futuro. Es posible que el origen de su actitud resida en la idea más o menos inconsciente de que la vida es demasiado precaria. La aparición de la bomba H ha impresionado hondamente a toda la juventud. Quizá la rebelión juvenil emana en buena parte de la idea de que es posible que la existencia dure poco.

Le dije a una chica de 17 años: "Fumas demasiado. ¿No le temes al cáncer de pulmón?"

Me contestó: "En absoluto. No viviremos tanto; nadie vivirá."

Lo mismo se aplica a las drogas. Nadie que viva una vida plena y creativa recurrirá a ellas como medio de evasión. Básicamente, el problema no consiste en encontrar los medios idóneos para evitar el tráfico, sino en encontrar los medios para crear una sociedad feliz en la que no sea necesario consumirlas. Yo recibiría una sorpresa si descubriera que alguno de mis alumnos mayores consume drogas. Pienso que están demasiado equilibrados, demasiado libres de los conflictos que impulsan a los individuos a buscar vías de escape.

La raíz del consumo de drogas está en la infelicidad, en la angustia que emana en última instancia del conflicto entre los deseos inconscientes y los principios morales. Si se aboliera la culpa que llamamos "pecado", los traficantes de drogas irían a la bancarrota.

Usted sugiere que en su hogar existe una división profunda. "Nuestras actitudes respecto del sexo están separadas por un abismo." ¿Pero por qué? ¿Ustedes no pueden actualizarse? ¿No pueden renunciar a su criterio puritano en materia sexual? ¿O prefieren conservar su mentalidad ortodoxa y represiva y ver a su hijo arruinado por las drogas?

Me han contado que en Estados Unidos está de moda

una consigna que dice: HAGAMOS EL AMOR, NO LA GUERRA. *¡Escuchen! ¡Escuchen!*

Si su hijo optara por las drogas, lo haría para evadirse de algo. Supongo que este "algo" sería su hogar y la moralidad que impera allí. Es posible que su hogar sea el santuario de una religión intolerante, de una religión que abomina del placer. Es posible que sea un hogar donde ustedes, los padres, pretenden inculcar demasiadas ambiciones a los miembros de la familia.

Estoy seguro de que cuanto más feliz es el hogar, menor es la proclividad a juntar "nieve"... si es que los norteamericanos siguen utilizando esta palabra para identificar la droga.

Actualmente en las universidades norteamericanas se fuma mucha marihuana. Está de moda aspirar una bocanada de **pot*****, como la llaman. Las autoridades médicas dicen que la marihuana no forma hábito, pero agregan que cuando un joven la ha probado quiere experimentar emociones mayores y recurre a otras drogas que sí forman hábito y son destructivas. Mi hija, que tiene 19 años, asitió a una de esas fiestas donde se fuma marihuana. Los lazos que nos unen son muy sólidos y me contó la verdad. Pero aunque nos tenemos una gran confianza mutua, estoy terriblemente preocupada. Me dijo que esta vez no pudo dejar de hacerlo, pero que no repetirá la experiencia. Supongo que es inútil escribirle y preguntarle qué puedo hacer, pero le repito que estoy angustiada.***

Me parece que la mayoría de los jóvenes que prueban un par de veces la marihuana no se convierten en adictos. pero entiendo su preocupación. Me temo que lo único que puede hacer es confiar en el sentido común de su hija.

MAQUILLAJE

Mi hija, Sally, acaba de cumplir 11 años. Parece que ahora lo único que le interesa es acicalarse, probarse toda clase de ropas, y untarse con cosméticos. No creo correcto que una chica de su edad se pinte los labios, pero ella alega que la estamos persiguiendo. Temo que si continúa emperifollándose con pestañas postizas y esas cosas terminará por enredarse con malas compañías. ¿Qué opina usted?

No tema que se enrede con malas compañías, por las que supongo que usted entiende seductores y drogadictos. A su edad no la aceptaría ningún grupo de adolescentes.

Quizá la chica cree ser insulsa o sencillamente fea, quizás en su fantasía se identifica con alguna estrella de cine. Yo no me preocuparía por ella y le daría todos los cosméticos que me pidiera.

Me parece que se trata de una niña desdichada que intenta evadirse de su infelicidad haciéndose pasar ante sí misma por una mujer más madura. ¿La aburre la escuela, o el hogar? Si la regaña lo único que conseguirá será que se sienta más insatisfecha, y le hará odiar a sus padres y su hogar. Su hija cree que no la quieren, piensa que recibe más críticas que pruebas de estima, y se esfuerza por llamar la atención.

Señora, si está demasiado preocupada, le sugiero que compre una buena provisión de cosméticos y que unte su propia cara con una capa muy espesa y que se ponga las pestañas postizas más grandes que encuentre. Vea entonces lo que sucede.

Los padres deben seguir siendo jóvenes si desean conservar el cariño y la comprensión de sus hijos. La mayoría de los padres se sacrifica con gusto cuando la criatura es muy pequeña, acepta la necesidad de perder horas de sueño, de oír los berridos del chiquillo. Pero cuando el niño crece, los mismos padres imaginan que no es necesario seguir sacrificándose. En ese momento resuena el clamor juvenil: "Están fuera de época."

Conviene que la madre de una adolescente se pregunte: ¿Le pido a mi hija que haga cosas que a ella le parecen irracionales, como por ejemplo que cambie sus vaqueros por un vestido porque la señora Jones viene a tomar el té? ¿Me angustio cuando sale con un muchacho que no conozco? ¿La regaño por sus calificaciones escolares?

Sospecho que lo que más preocupa es lo que pensarán los vecinos y parientes. Yo le digo: Al diablo con lo que piensan los vecinos y parientes. A todos esos vecinos o parientes les importará un bledo que su hija se convierta en una mujer desdichada, y no las ayudarán ni a usted ni a ella a soportar la pena. A la mitad de los niños del mundo se la sacrifica en aras de la opinión de los vecinos.

En "Summerhill" nunca he visto a una chica, ya se trate de una alumna o una maestra, con cosméticos. ¿Acaso la clave última está en el hecho de que la libertad consiste en poder vivir sin tener que preocuparse por lo que piensan los demás?

INDUMENTARIA

Lucy Mae ha empezado a usar minifalda, medias de trama abierta, "dos piezas" de tipo bikini y otras prendas

que me repelen. Tengo mucho miedo de que atraiga a los aventureros. Soy una viuda de 39 años y ella tiene 16.

Me apena decir que la chica no ha tenido una vida hogareña muy completa, porque su padre falleció cuando ella tenía 2 años y desde entonces yo he tenido que mantener la familia. Me preocupa mucho su futuro y el camino por el que parece orientarse. Cuando la amonesto me dice que soy anticuada y no conozco la moda.

Por "aventurero" usted entiende a un hombre capaz de seducir a su hija, pero alguien dijo una vez que en toda seducción deben intervenir dos personas.

Su verdadero temor apunta al sexo. Quizá no le sirva de mucho consuelo saber que a los hombres no les atraen ni los bikinis ni las medias de trama abierta, sino las caras y los cuerpos. Su hija trata de resultar atractiva a los hombres... tal como usted debió de hacerlo antes que ella.

Los padres deben comprender que no retienen un control último sobre sus hijos, que estos deben vivir su propia vida, a su manera. Millones de chicas se visten en forma "audaz", pero ello no significa necesariamente que se dediquen a la promiscuidad sexual.

Los adultos deben tolerar las indumentarias de la nueva generación. Las chaquetas de cuero y los vaqueros remendados me parecen de mal gusto, pero debo aceptarlos tal como acepto los ruidos que los jóvenes llaman "música". Probablemente usted eligió durante demasiado tiempo los vestidos de su hija, y si así fuera los que ella escoge ahora son un símbolo de protesta. Le aconsejo que la deje en paz. Permítale tomar sus propias decisiones, tanto en materia de vestimenta como en lo que concierne a su vida.

Le inquietan los detalles superficiales. Suponga, por un momento, que tuviera un hijo sádico o incendiario. Suponga que tuviera que escribirme para informarme que su hija es cleptómana, prostituta o lesbiana. Entonces le sobrarían motivos para preocuparse. ¿Pero angustiarse por unas medias de trama abierta o un traje de baño ultramoderno? *¡Vamos!* Sé qué difícil le resulta a la mayoría de los adultos tolerar la conducta de los jóvenes, aceptar su música "pop", sus melenas, sus suéteres que marcan el busto, y todo lo demás. Desde nuestro punto de vista, la locura de los Beatles es una neurosis de adolescencia, pero para los jóvenes es una delicia. Estamos desfasados.

Siempre fue así. En cada generación, los adultos juiciosos piensan que los jóvenes han perdido el respeto, los ideales y las metas. En una tumba egipcia se descifró una inscripción sobre piedra en la que un piadoso anciano del Nilo deploraba —¡sí! esto sucedió hace 5.000 años— el descarrío de los jóvenes nihilistas de su época. ¡La juventud —se lamentaba— está perdida!

Tanta más razón para que nos esforcemos por entender a los jóvenes, para que no hagamos ademanes de horror, para que no clamemos que la nueva generación está degenerada. Tengo el vago propósito de dejar que mis cabellos grises crezcan hasta alcanzar veinticinco centímetros (y no porque un peluquero de Bond Street me haya ofrecido diez libras por ellos).

Digo que hay que dejar que los jóvenes se vistan como quieran... ¡y fuera las manos!

Mi hijo acaba de volver de la facultad donde pasó seis meses cursando su primer año. Apenas podemos reconocerlo: tiene el pelo largo y desgreñado, sus ropas están

pringosas. Cuando mencionamos estos detalles, se aleja refunfuñando que trasgredimos su libertad. ¿Qué opina usted?

Ustedes *trasgreden* su libertad.

¿Se trata otra vez de la vieja historia del "qué dirán los vecinos"? ¿O tienen un complejo sobre el orden y el aseo? Millones de niños y jóvenes de ambos sexos padecen los efectos de la ansiedad parental respecto de menudencias. El mundo está lleno de jóvenes que usan el pelo largo y desgreñado y yo grito: ¿A quién diablos le importa?

Debería preocuparles más lo que tiene *debajo* del pelo... ¿Qué piensa? ¿Cuáles son sus sentimientos?

Aborrezco esta eterna ansiedad parental por las trivialidades de la vida, las insignificancias, los detalles exteriores. Una persona equilibrada no se preocupa en exceso por cuestiones minúsculas como las ropas y el cabello. Creo que ninguno de los muchos visitantes que vienen a "Summerhill" ha notado que no uso corbata, o que quizá necesito una afeitada. Vienen porque les interesan mis métodos educacionales, y no lo hacen como corresponsales de la revista de los sastres y barberos. Y esta debería ser la actitud de todo padre respecto de sus hijos: una gran consideración por su personalidad, no por su elegancia o su desaliño.

DINERO

Mi hijo de 13 años es un buen chico, pero aparentemente imprevisor. Siempre parece estar dilapidando el dinero que le damos para sus gastos menudos. Esto no nos

preocupa mucho, porque pensamos que se trata de dinero que debe gastarse impulsivamente.

Pero los parientes le han regalado a David sumas bastante considerables en Navidad, en sus cumpleaños, etcétera, y aparentemente nunca ha comprado un solo artículo útil o durable. Jamás ha ahorrado un centavo. Toma 15 ó 20 dólares, va a la tienda, y elige por capricho alguna basura de la que se cansa en una semana o en menos tiempo. ¿Puedo hacer algo para traerlo a la realidad?

No se me ocurre nada, amigo. El suyo es un problema universal en una sociedad comercializada. En mi propia infancia, hace mucho, mucho tiempo, no nos daban dinero para gastos menudos. Si conseguíamos un penique, lo ganábamos cuidando el caballo de un campesino mientras este tomaba una cerveza en la taberna. Más de una vez el plantón era largo. En esos años los niños de clase media y trabajadora sencillamente no tenían nada para gastar y por ende estaban libres de tentación. Debemos asimilar la idea de que vivimos en un mundo nuevo, un mundo en el que los niños consiguen las cosas con demasiada facilidad. "Lo que viene fácilmente se va fácilmente."

Hoy, los niños ven el dinero para gastos menudos como un derecho, como un deber parental. En todas partes observo en los jóvenes la compulsión del gasto. Cuando yo era estudiante y pobre, tuve la suerte de ganar 40 libras en un concurso periodístico. En 1910 esa era un suma inmensa, y con ella compré ropa durante toda mi vida de pregraduado. Durante el mismo período un compañero de estudios heredó 50 libras de un tío. Las dilapidó totalmente en una fiesta surtida con champagne. La juventud moderna parece compartir su psicología.

Es posible que la razón última por la que su hijo es tan derrochador resida en el estado de este mundo incierto e inseguro. *"Comamos, bebamos y divertámonos, porque mañana nos tocará morir."* La juventud no piensa en el futuro, porque intuye que quizá no habrá futuro. Sospecho que al leer la lista de bajas registradas en Vietnam todo joven norteamericano piensa íntimamente: *"Este puede ser mi porvenir o mi falta de porvenir."* El viejo mundo seguro ya no existe. Ni siquiera el dinero ofrece mucha seguridad.

Después de la Primera Guerra Mundial, los alemanes que habían economizado 100.000 marcos durante toda una vida descubrieron que sus ahorros, reunidos con grandes sacrificios, apenas valían diez peniques. En 1919, pagué aproximadamente medio millón de marcos por un viaje en tranvía. Debimos desembarazarnos de nuestros viejos valores. Hubo una época en que los ingleses utilizábamos la frase *"Seguros como casa"*, pero después de la *blitzkrieg* desechamos la analogía.

Estoy convencido de que el origen del despilfarro reside en nuestra educación. El derroche carece de todo sentido creativo... a menos que compremos un juego de herramientas o una paleta de pintor. La educación actual está casi totalmente desprovista de creatividad e interés. Pocas veces los jóvenes compran partituras musicales, o lienzos para cuadros, o atriles, o sierras, o garlopas, porque la mayoría de las escuelas apenas aborda el producir y el hacer. Esta es una era de contemplación, en la que se paga a los profesionales para que nos distraigan con música, piezas teatrales, programas de televisión, juegos. En consecuencia una juventud poco creativa busca la dicha en artefactos como los autos, las motocicletas, los discos "pops". Los Beatles se habrían quedado con un palmo de narices en una sociedad creativa.

Sé que todo esto no les servirá de mucho a ustedes, los preocupados padres de David. Su único consuelo debe descansar sobre la idea de que es posible que el tiempo mismo modifique los valores del muchacho. Indudablemente los consejos y las amonestaciones morales no servirán para nada.

En mi escuela yo también tengo alumnos que reciben demasiado dinero. La mayoría hace lo mismo que David: lo despilfarra. Ellos, sin embargo, no creen estar derrochándolo.

El dinero puede asumir un significado simbólico, que es obvio en el caso del niño huérfano de cariño cuyos padres sobrecompensan su falta de amor con un diluvio de ragalos costosos. Quizá David no se siente amado en su hogar. Evidentemente cuando compra y pierde interés en lo comprado demuestra que mediante sus adquisiciones busca algo, algo que la posesión no alcanza a satisfacer.

Ustedes, sus padres, deberán conformarse con sonreír y aguantarlo. Recuerden que si lo regañan sólo conseguirán empeorar las cosas.

RESTRICCIONES

Tengo 14 años. Mis padres son muy severos y nunca me dejan hacer lo que deseo. Prohíben que mis amigos vengan a mi casa. ¿Qué me aconseja?

Creo que he recibido por lo menos 50 cartas de adolescentes norteamericanos que se encuentran en ésta misma situación. Pues bien, ¿qué *puedes* hacer? ¿Quién puede hacer entender a tus padres que están convirtiendo involuntariamente tu cariño en un odio inconsciente?

Uno de cada dos norteamericanos con los que trabo relación parece estar sometiéndose a un tratamiento de psicoterapia, y a juzgar por la correspondencia que recibo de los muchachos y chicas no es extraño que sea así. Muchísimos adolescentes norteamericanos se sienten acorralados por los tabúes y las exigencias parentales. *"Debes estudiar e ir a la universidad, o no conseguirás un buen empleo."* Lamentablemente la libertad que los norteamericanos concedieron a los esclavos en 1865 nunca se extendió a los niños de ese país.

REBELDIA

Estoy totalmente desolada por la insesibilidad de mi hija de 14 años. Sería lógico pretender que a su edad demuestre algún interés por la madre que la amó durante tantos años y que le dio lo mejor de su ser. Aunque exteriormente nos entendemos, no se comunica conmigo en el verdadero sentido de la palabra. Intuyo un narcisismo abrumador. Le importa un bledo de mis sentimientos, o de lo que nos sucede a mí o a sus hermanos y hermanas. ¿Usted cree que una criatura puede nacer insensible, u opina que dentro de la familia sucedió algo que la hizo así? ¿Puedo alimentar alguna esperanza?

Siempre hay esperanza.

En toda familia la vida de los hijos llega a una etapa en la que estos deben cortar amarras. Naturalmente, la situación asume contornos peores en una familia autoritaria. Los hijos autocontrolados no sienten tanta necesidad de emanciparse. En este caso, usted no debe interpretar lo que sucede como una prueba de que su hija no tiene sentimientos. Se trata en cambio de que todos sus sentimientos tomaron una connotación negativa.

¿Pero por qué? ¿Ustedes, sus padres, la inmovilizaron con grillos de acero? ¿La amonestaron diciéndole: "*Deberías ser un ejemplo para tus hermanos y hermanas*"?

¿Falta de sentimientos? Tiendo a pensar que la causa es ambiental antes que hereditaria. Sospecho que su hija intuye que no ha sido suficientemente amada. Quizás se imagina que los otros hijos recibieron más amor materno que ella. *Hay* esperanza, pero sólo en el caso de que usted, la madre, haga algo para cambiar SU actitud.

En "Summerhill" hemos tenido alumnas que llegaban con el odio estampado en el rostro. En sus hogares eran insoportables. Sin embargo todas cambiaron. Era delicioso ver cómo sus facciones se distendían y reflejaban ternura. Yo no las sometía a ninguna terapia: solo me hacía a un lado y dejaba que desarrollaran su auténtica personalidad. Su encono desaparecía paulatinamente.

Pero si los padres no son suficientemente libres por dentro, no tendrán éxito. En primer término, los padres deben convencerse de que sus métodos anteriores eran equivocados. En el nuevo ámbito de libertad deben actuar sinceramente, sin reservas, sin dudas. La chica debe sentir que no es el sujeto de un experimento, sino que la actitud de sus padres ha cambiado radicalmente, para siempre.

Mi hija tiene 14 años y adopta conmigo una actitud

desusadamente hostil. No sé ni remotamente por qué lo hace. Mi esposa admite que siempre le dispensé un trato cariñoso y considerado. ¿Puede darle un consejo a un padre desconcertado?

En un momento u otro la mayoría de los niños intenta romper las cadenas emocionales que los atan a sus padres. La mayoría de los niños se avergüenza de sus padres por una razón u otra. Una chica puede sentirse avergonzada de su padre... porque escupe en la calle, porque hace ruido al sorber la sopa, porque dice en público cosas que la abochornan. La mayoría de los niños supera la etapa de la vergüenza y la mayoría de los niños vence la irritación que produce el padre atrasado.

Procure serenarse y trate de no imponer a su hija su personalidad o sus puntos de vista. Si mi hija estuviera en la etapa de la rebeldía, de la búsqueda de defectos, me abstendría de decirle algo más que lo insignificante: *"Pásame la sal, por favor."*

Hay un detalle que puede revestir importancia: nada se extingue en la memoria del niño, ya esté a nivel consciente o inconsciente. Es posible que la chica reaccione contra algo que usted dijo o hizo cuando ella tenía 4 años. Usted no puede hacer nada al respecto: el pasado es el pasado. Sin embargo puede ser provechoso que el padre se pregunte si cuando su hija era pequeña él fue demasiado exigente, demasiado severo, demasiado intimidatorio.

También hay otros aspectos. ¿Usted y su esposa riñen? ¿El amor ha desaparecido de su hogar? ¿Esta chica intuye que no todo marcha bien entre sus padres? ¿Toma el partido de la madre... contra el padre? ¿O tiene una fuerte fijación con usted, y para sobrecompensarla debe expresar odio en lugar de cariño que reprime? Sospecho que su hija piensa que usted no la ama lo suficiente y que la consideración que manifiesta para con sus sentimientos no es más que un sucedáneo del cariño.

Sea como fuere, déjela en paz. Probablemente el tiempo le hará cambiar de actitud.

Mi hijo, Bob, tiene 17 años. Parece aborrecer su hogar. Nunca nos cuenta lo que hace. Si vuelve a casa a las 2 de la mañana y le pregunto dónde ha estado, se limita a fruncir el ceño y farfullar. Mi esposo y yo sentimos que lo hemos perdido.

Me temo que así sea, buena señora, pero lo perdieron hace muchos años. Tanto usted como su esposo omitieron establecer contacto con él, omitieron hacerle sentir que podía confiar en ustedes.

Sospecho que siempre les mintió: *"¿Dónde has estado anoche?"* Ha estado con una chica, pero no puede decírselo a sus padres, y entonces miente. *"Fui al cine con Jim."*

Los hijos siempre les mienten a los "malos" padres, a los padres que tratan de moldear a sus hijos, a los padres que les enseñan modales y conducta y obediencia y vaya a saber qué más. En Gran Bretaña, aproximadamente 25 chicas adolescentes huyen cada semana de sus hogares y no se les encuentra el rastro.

Es demasiado tarde, estimada señora.

¿Le pegaron a su hijo, o le gritaron, o lo aprisionaron con toda clase de tabúes morales? ¿Lo obligaron a ser religioso?

No se autoflagele demasiado. Usted creía estar procediendo en la mejor forma posible. Usted pensaba ingenuamente que la experiencia se puede trasmitir de los viejos a los jóvenes. ¡No es así! Quizá sus propios padres la mantuvieron a la distancia, la trataron como algo que las manos de alfarero parentales pueden moldear. Usted sobrevivió, pero no todos los niños se resignan a que los hagan girar sobre la rueda de alfarero.

Sea como fuere, ¡arriba el ánimo! Esto no significa el fin del mundo, ni para usted ni para su hijo. Muchos jóvenes han sido reservados con sus padres, muchos jóvenes les han mentido resueltamente. Pero no todos ellos terminan convertidos en gangsters o drogadictos. Tengo la impresión de que en este momento su hijo está tratando de organizar su propia vida. Si yo estuviera en el lugar de ustedes, no me entrometería. Dejaría de preguntarle dónde ha estado o qué ha estado haciendo.

Al padre le digo: trate de comunicarse emocionalmente con su hijo. Renuncie al papel de padre riguroso. Puede tratar de convertirlo en su compañero... aun en esta etapa avanzada. *¡Sí, su compañero!* Si lo censura y lo amonesta, lo perderá para siempre. ¿Por qué no ensaya un sistema distinto del tradicional? A esta altura, no tiene nada que perder. Quizá sea cruel decirlo, pero pienso que el chico ha sentido que le faltaba cariño en su hogar y ahora lo busca en otra parte.

MATRIMONIO MIXTO

Me he enamorado de un muchacho católico y quiero casarme con él. Para hacerlo, debo comprometerme a aceptar que nuestros hijos serán educados como católicos. Aborrezco esa idea. ¿Qué puedo hacer?

Si su aversión al adoctrinamiento de los niños no es muy intensa, se casará con el joven. Si está dispuesta a aceptar que a sus hijos les inculquen la idea de que nacieron en pecado, se casará con su católico.

Se trata de una cruel disyuntiva. El amor es instantáneo, vive para el presente. A esta altura del juego, los niños son sólo una idea en su vida, una posibilidad alejada en el tiempo.

No le doy ningún consejo. Entre todos sus sentimientos, usted optará finalmente por el que tenga más fuerza.

TENSION EN LA FAMILIA

DESACUERDO ENTRE LOS PADRES

Mi esposo es muy impaciente con los niños. Si no reaccionan exactamente como él cree que deben hacerlo y como espera que lo hagan, se pone a vociferar. Generalmente el discurso empieza así: "Cuando yo era niño, si hubiera hecho esto, mi padre..." Le he repetido infinitas veces a mi esposo que no es tolerante y que tiene una influencia nociva sobre los niños. Los atemoriza. Pero él no me escucha, sencillamente. Lo que es peor, refuerza sus actitudes. Si se exceptúa su concepto muy rígido de la obediencia, la rectitud y el deber, es un buen esposo. Me quiere y quiere a los niños. Mantiene a la familia y se comporta inteligentemente en la mayoría de los casos. No quiero divorciarme, pero no encuentro una solución al problema. Parece imposible convencerlo de que debe ser más dulce con los niños. ¿Debo hablar con mis hijos y decirles que discrepo con la actitud de su padre? ¿O qué debo hacer?

Este es un caso triste y... ¡ay!, muy común.

Ningún hombre sensato emplea jamás esas palabras inútiles: "Cuando yo tenía tu edad." El hombre sincero y cabalmente lúcido se preguntará cómo era *él* a la edad de sus hijos. Y luego, despojándose de toda hipocresía y autoengaño, deberá llegar a la conclusión de que en su juventud fue exactamente igual a sus hijos: rebelde, embustero y todo lo demás.

Su esposo parece identificarse con su propio padre severo. Así prolonga el círculo vicioso del odio y, pobre hombre, tal como él fue condicionado, está condicionado automáticamente a *su* familia.

Lo que me sorprende en su carta es el aserto: "Me quiere y quiere a los niños." ¿Cómo es posible que coexistan el cariño y la autoridad? ¿Cómo es posible que el amor coexista con el miedo? El hombre que antepone sus teorías sobre la disciplina a su verdadero deber respecto de sus hijos no puede quererlos realmente, esto es, si definimos el cariño como una entrega de ternura.

¿Qué puede hacer? Me pregunta si debe comunicar a sus hijos el desacuerdo. No sé qué edad tienen ellos, pero no es necesario que les hable. Hace mucho tiempo que ellos captaron la situación, emocional, si no intelectualmente. Y esos pobres niños sufrirán durante toda la vida en razón de una atmósfera donde falta el auténtico amor y la seguridad.

No es posible dogmatizar sobre las ventajas o desventajas del divorcio. En más de una oportunidad he visto niños que se sentían más felices después del divorcio, porque este disipaba la atmósfera eternamente depresiva de sus hogares tensos. Los mejores resultados se logran allí donde los padres se separan sensatamente, sin despliegues de odio ni de cólera, y donde los niños pasan las vacaciones con ambos por turno. Los peores casos son aquellos en que el padre trata de predisponer a los hijos contra el otro. Esto es muy pernicioso. Cuando se extingue el amor, es trágico que lo reemplace el odio encarnizado.

No encuentro una solución para usted ni para los miles de madres que se encuentran en el mismo aprieto. Los padres prepotentes son siempre malos padres. Todo padre o maestro que inspira miedo es peligroso para la vida juvenil.

Una de las maldiciones de la humanidad consiste en que el matrimonio empieza con el amor sexual o el amor romántico, o con ambos. Cuando el amor se extingue, la mayoría de las veces la vida se convierte en un infierno. Dicen que el amor es ciego, y esto es verdad. Una mujer protestante puede enamorarse de un católico, y su pasión ahoga toda vocecita interior que pretenda alertarla sobre el futuro de sus hijos. Pero cuando la pasión primitiva agoniza, debe enfrentar el hecho de que se ha comprometido a inculcar a los hijos la fe del padre, una fe que ella no comparte. Y arde Troya.

Lo mismo sucede en otras circunstancias. El amor pasional acalla las preguntas apropiadas: *"¿Será un padre severo? ¿Inspirará miedo a sus hijos? ¿Está decidido a moldearlos a su imagen y semejanza? ¿Su lema parental será: A los niños se los debe ver pero no oír?"* El hecho de que a un cónyuge le resulte imposible saber realmente cómo es el otro, determina que haya decenas de miles de matrimonios infelices. Durante el noviazgo colocamos las mejores manzanas en la boca del barril... no deliberada sino inconscientemente.

Una solución posible consistiría en el matrimonio de compañerismo que propuso el juez Lindsay. El primer año sería un año de prueba. Después la pareja se casaría si tuviera la certidumbre de su compatibilidad, si los dos futuros cónyuges se sintieran seguros de que comparten las mismas ideas acerca de la vida y los hijos.

El matrimonio como institución es defectuoso. Postula que el ser humano se enamore a los 20 años y deba permanecer enamorado "hasta que la muerte nos separe". Millones de niños sufren en razón de los matrimonios desgraciados de sus padres.

En nuestra época los casos como el suyo son insolubles. Los hombres y las mujeres siguen padeciendo. *Totentanz* (La danza macabra) de Strindberg pinta la negra imagen de un matrimonio de odio. Lamentablemente el matrimonio que equivale a una danza macabra perdura en muchos hogares.

Supongo que mi esposo y yo tenemos tantos choques como la mayoría de las parejas: ni más, ni menos. A veces nuestras disputas son agrias. Es cierto que estos casos son raros, pero cuando se presentan mi esposo se desahoga sin pudor delante de los niños. Yo lo amonesto en privado y le digo que cualquiera sea el grado de razón que lo acompañe no tiene derecho a explotar delante de la familia. Pienso que esto produce un efecto muy nocivo sobre los niños.

El, por su parte, dice que no es una máquina y que cuando siente algo con vehemencia debe reaccionar porque de lo contrario se sentiría desleal consigo mismo. Alega que si no estallara cuando siente necesidad de hacerlo, la cólera seguiría bullendo detrás de la fachada y nuestras relaciones, como marido y mujer, serían mucho peores. A su juicio, ¿quién tiene razón?

Si su esposo no estallara, pienso que los niños percibirían igualmente la atmósfera de tensión. Quizá sea mejor que se desahogue ante ellos. No sé por qué tiene necesidad de hacerlo, pero sospecho que acumula una parte importante de esa tensión en la oficina o el negocio o dondequiera que trabaje. El problema consiste en que el desahogo pocas veces ayuda a la parte colérica, a menudo porque debería haberse producido en otro lugar. El patrón amonesta a un empleado. Este no se atreve a contestar violentamente. Va a su hogar y se enfurece por una insignificancia: el gato ha defecado en el rincón de la sala o la cena no está servida.

Un aspecto lamentable de las riñas conyugales consiste en que los hijos están obligados a tomar partido. Si el padre es un hombre impresionante con voz de trueno, los niños se identifican inconscientemente con la madre asustada. Si la mujer le chilla al marido, es natural que sea este quien despierta simpatía. En ambos casos hay motivos para inquietarse. Pero ignoro lo que se puede hacer al respecto.

Cuando la situación ha llegado a un punto en que los reproches, tajantes y desbocados, se repiten constantemente, es mejor disolver el hogar para que los niños no crezcan en un clima de odio y miedo. Evidentemente, esto no se aplica al caso que usted plantea.

Tengo una hija de 7 años. Creo en el autocontrol pero mi esposo dice que es necesario imponerle disciplina y, cuando ello es necesario, castigarla. ¿Qué solución tiene mi problema?

Ojalá lo supiera. Podrían decidir separarse, y en ese caso el juez podría darle a su esposo la custodia de la niña. Este problema se plantea en miles de hogares. En un hogar como el suyo, su hija debe sentirse infeliz e insegura. *¿Quién tiene razón, mamá o papá?*

Nunca se le puede ocultar al niño esta situación. Aunque siempre riñan en privado el niño captará la tensión, la pena, la hostilidad.

He recibido veintenas de cartas como esta. En la

mayoría de los casos los adictos a la disciplina eran los padres. Los firmantes de muchas de las cartas eran los mismos niños que tenían conciencia del conflicto parental. Eran cartas patéticas.

Una maldita característica del matrimonio consiste en que la ceguera del amor determina que los amantes no perciban todas las dificultades potenciales. Esto lo observamos en el caso de la chica que se casa con un católico. Ella sabe que tendrá que acceder a que sus hijos se críen dentro de la fe católica, pero se desentiende del problema. Cuando el amor romántico se extinga ella descubrirá que se encuentra en una situación penosa, y es posible que se sienta impotente y desgraciada. La muchacha tampoco puede saber por anticipado que su joven esposo es en el fondo un sádico o un autoritario repulsivo.

O, en la otra cara de la moneda, la dulce muñequita puede resultar una arpía que refunfuña todo el día o que distribuye bofetadas entre los niños. Naturalmente lo que digo es una perogrullada. Todos conocen los conflictos que se plantean. Lo que muchos ignoran es que el angustioso resultado se traduce en niños asustados, infelices, huérfanos de amor, quienes a su vez tenderán a contraer matrimonios desdichados y continuarán el círculo vicioso, castigando a sus propios hijos.

Si el niño no se siente seguro, está condenado a una vida neurótica. Es posible que trate de reproducir inconscientemente en todos los lugares adonde vaya la situación que imperaba en su hogar. Gravitará inconscientemente hacia la infelicidad. He comprobado que los alumnos de mi escuela que más añoran sus casas son los que provienen de hogares atormentados, divididos. En su breve lapso de vida han sido testigos de muchas disputas, de muchas situaciones de miedo, de muchas penas. En razón de algún mecanismo ininteligible, desean volver a todo eso, sin duda porque temen alejarse de un entorno que, no obstante sus características espantosas, por lo menos es familiar. Una criatura me dijo que quería volver a su casa para proteger a su madre cuando su padre le pegara.

Cuando un padre asusta a su hijo, está pecando contra él. No veo ninguna relación entre la disciplina y el amor. Algunos católicos que castigan a sus niños en el hogar y en la escuela aducen que le pegan al cuerpo para salvar el alma, argumento este que desde mi punto de vista es totalmente anticristiano. "Dejad que los niños vengan a mí"... ¡y reciban una zurra! Astuta combinación del dulce Jesús y el necio Salomón. Las órdenes arbitrarias son equivocadas, peligrosas y están desprovistas de amor por el niño.

Un trato demente está pervirtiendo a los niños de todo el mundo. A menudo el bravucón de la escuela es tan estúpido que sólo puede reaccionar con los puños frente al presunto agravio, y lo mismo puede suceder en muchos hogares.

Las personas ignorantes son más proclives a zurrar que las personas instruidas, pero todos conocemos a médicos, maestros, abogados y hombres de negocios que son severos con sus hijos.

Hace pocos años, el juez amonestó a dos hermanos delincuentes. "Si vuestro padre os hubiera dado una buena zurra a ambos cada vez que os portábais mal, hoy no estaríais en el banquillo." Más tarde se reveló que el padre, un ex sargento del ejército, los había golpeado brutalmente desde la cuna.

Parece existir afinidad entre la brutalidad y la superstición. Pero no es necesario pegarle al niño para asustarlo. En la mayoría de las escuelas norteamericanas los castigos corporales están total o casi totalmente desterrados, a pesar de lo cual cientos de maestros hacen temblar a los niños con sus accesos de cólera. El problema total se reduce al odio. A menos que podamos resolver el terrible problema que gira en torno de lo que engendra odio, la gente continuará tratando de compensar durante generaciones una juventud frustrada e infeliz. Matemos la vida en el párvulo, paralicemos a los adolescentes con toda clase de advertencias, y alimentaremos el ejército del crimen con un flujo constante de nuevos reclutas.

Lamento no poder ayudarla. La necesidad que experimenta su esposo de disciplinar y castigar a su hija es una prueba de odio y sólo servirá para engendrar odio también en ella.

Quiero enviar a mi hija a "Summerhill" pero mi esposo se niega rotundamente. Por suerte tengo una renta propia y yo misma pagaré las cuotas. ¿La recibirá?

Lo lamento, pero la respuesta es negativa. "Summerhill" no podría ayudarla. Cada vez que volviera a su casa para pasar allí las vacaciones, debería enfrentar el hecho de que sus padres discrepan entre sí, respecto de su educación. No sabría dónde está parada. *Parada* es la palabra, porque permanecería estática.

Cuando existe antagonismo entre el hogar y la escuela no puede haber progreso. No se le debe pedir a un niño que opte entre dos sistemas. La libertad, como la paz, es indivisible.

ABUELOS

La madre de mi esposo vive con nosotros. Puesto que pertenece a otra generación, no comparte nuestras ideas sobre la educación de los niños. Le dice constantemente a nuestra hija que no debe hacer esto ni aquello, la presiona para que coma esto y lo otro, y altera en diversas formas la atmósfera del hogar. No sabemos qué hacer con la pequeña Sally. No podemos despedir a la abuela. ¿Qué nos aconseja?

¿Qué quiere que diga? Están sacrificando a una criatura en aras de las ideas muertas de una anciana. Sin embargo no pueden despedir a esa señora. Y sería absurdo que se empeñaran en modificar su mentalidad.

No veo solución para ustedes, como padres, y es poco lo que se puede hacer por Sally, que enfrenta un problema. La niña debe de preguntarse: *"Mamá y papá me dejan hacer esto, pero abuelita dice que está mal."*

El único factor reconfortante consiste en que la niña preferirá necesariamente la actitud liberal de sus padres en lugar de la actitud antivida de la abuela.

HOGARES DESTRUIDOS

Mi esposo se ha ido del hogar. No nos entendíamos y la ruptura ha sido el último eslabón de una serie de altercados. Nuestro hijo estaba muy atado al padre, quien, desde mi punto de vista, lo consentía exageradamente. Ahora temo que el chico sienta que el único hombre al que estaba ligado lo ha abandonado. Me quiere mucho pero, evidentemente, no soy un sustituto del padre. ¿Cómo puedo atenuar el impacto?

Debe ser sincera con el niño. No le diga: "Papá no viene porque tiene que trabajar en Chicago." Dígale la verdad: "Tu papá y yo ya no nos queremos y por eso convinimos en separarnos."

Si está en lo cierto y su esposo consentía exageradamente al niño, es posible que este le tome rencon a usted. Quizá piense: *"Si mamá hubiera sido buena con papá, él no se habría ido."*

La situación será peor si los mimos fueron un tema de disputa entre usted y su marido. Es posible que su hijo piense que usted los ha atacado tanto a él como a su padre. Pero no creo que el nudo del problema esté en la partida de su esposo. El niño debe de haber intuido durante años que entre sus padres se ensanchaba un abismo. El hogar no podía ser feliz para él.

Una solución consistiría en que el niño viviera un tiempo con su padre y un tiempo con usted. He tenido a menudo alumnos que dividían sus vacaciones en esa forma, y generalmente los resultados eran satisfactorios... por lo menos se trataba de una solución parcial.

Un nuevo matrimonio no resolverá por sí solo el problema. Muchos chicos no se acostumbran nunca al padrastro, y muchas chicas tampoco. Siempre es un riesgo. Me temo que no exista una solución sencilla.

RIVALIDAD ENTRE HERMANOS

Anoche propuse que la familia comiera en un restaurante. Mi hija, que tiene 8 años, quiso ir a un establecimiento chino. Mi hijo, que tiene 6, optó por uno alemán. Ni mi esposo ni yo teníamos una preferencia especial: los dos restaurantes nos satisfacían. Cuando le dije a la nena que le daríamos el gusto a Johnny si íbamos al restaurante

alemán, hizo un mohín de enojo y preguntó: "¿Por qué* él *tiene que salirse con la suya?" Entonces, cuando traté de cambiar por el restaurante chino el nene exclamó: "¿Por qué* ella *tiene que salirse con la suya?" ¿Cómo se resuelve una situación de esta naturaleza?

¿Por qué no adoptan un criterio deportivo y revolean una moneda?

El otro día vi a dos chicos de 7 años que se disputaban una revista de historietas que habían encontrado.

—¡Yo la recogí! —dijo uno.

—Sí, pero yo la vi antes —dijo el otro.

Revoleé una moneda. Cara, tú; ceca, tú. Aceptaron el resultado pacíficamente.

Estos problemas se plantean casi a diario en todas las familias con hijos pequeños. Por mi parte, yo me limitaría a dictaminar: "Hoy al restaurante chino, pero la próxima vez al alemán." Todos los niños deben acostumbrarse a oír un *No*. Todos quienes votaron por Goldwater debieron acatar el *No* nacional.

En todas las familias se plantea el interrogante: "¿Mamá toma partido por Mary?" En todas las familias hay muchos odios subterráneos, cuyo origen reside en el hecho de que uno de los niños siente que han abusado de él, que lo han tratado injustamente. Los espiritistas cometen un grave error cuando en sus sesiones dicen al consultante que su familia lo está esperando sobre la orilla bendita para darle la bienvenida.

Los niños tienen muy desarrollado el sentido de la justicia auténtica. Revolee una moneda.

La nuestra es una familia con 6 hijos. Los niños tienen las trifulcas habituales, pero Joan parece sobresalir en

ellas. Si estalla una pelea en la casa, hay tres posibilidades contra una de que Joan esté implicada. ¿Cómo es posible que a esta única criatura le resulte más difícil convivir con sus pares que a las otras 5?

No lo sé. Es posible que crea ser la menos querida del grupo. Quizá sea impaciente por naturaleza. Sencillamente no puedo dar una opinión con tan pocos datos.

Tengo dos hijos. Mary tiene 5 años y su hermano, Donald, tiene 3. A veces, sin ninguna razón aparente, Mary se acerca a Donald y le pega. El pequeño se echa a llorar. Es muy triste verlo. ¿Cómo puedo encarar esta situación desconcertante?

Hace dos años, me escribió una joven madre desde Boston que tenía exactamente el mismo problema. La familia de ella y la suya coincidían en todos los detalles. Los hijos de la señora de Boston tenían la misma edad que los suyos, y la nena era la mayor.

Cuando la chica de 5 años le pegaba al hermanito de 3, esta madre prudente alzaba al pequeño, lo acariciaba y lo mimaba hasta acallar su llanto. Jamás retaba a la nena. Nunca la amonestaba, sino que con su voz más dulce le decía que fuera a jugar con sus platos o a hacer cualquier otra cosa.

Su última carta dice: "Mi nene ya tiene 7 años. Está muy apegado a su hermana y ella, a su vez, está muy apegada a él. Juegan pacíficamente juntos y se preocupan por sus respectivos sentimientos y actividades. Es evidente que el elemento de rivalidad entre hermanos se ha reducido. No dudo de que todavía subsiste, pero observo que ella es menos agresiva y que él demuestra con su actitud que ha olvidado los ataques que se perpetraron cotra su persona."

He aquí una madre inteligente. Encaró el problema en la única forma en que lo podía encarar. Sabía, con una profunda intuición, que las raíces de la agresividad injustificada de su hija se implantaban en la rivalidad entre hermanos. Esa madre sabía que los retos serían inútiles. Entendió que si castigaba a la nena lo único que conseguiría sería ahondar el rencor inconsciente que la criatura sentía contra su hermanito, el varón que se había introducido en la familia y que había determinado que se redujera la importancia de su personita.

No hace mucho tiempo, en "Summerhill", un chiquillo tuvo una trifulca con otro chico. Al mocoso le pareció que había perdido la pelea, de modo que juntó algunos ladrillos y desahogó su rabia rompiendo 12 ventanas. Su joven celadora vino a preguntarme si correspondía juzgar al niño en la asamblea general de la escuela, para hacerlo castigar. Le contesté que no. Le dije que sentara al pequeño sobre sus rodillas y que lo mimara sin pronunciar en ningún momento la palabra "ventana". La celadora siguió mi consejo y en esta forma se atemperó la furia del niño. Quizá su rival había peleado con él y no lo quería, pero allí había en verdad una persona adulta que lo estimaba.

Los celos en la familia son algo común. Una de las empresas más difíciles de los padres consiste en resguardarse contra toda acusación de favoritismo. Casi todos los niños preguntan: "¿Mamá me quiere a mí tanto como a mi hermana Mary?" He observado que en los hogares donde los padres son personas serenas, los niños tienden a convivir sin muchos razonamientos. Los niños imitan lo que ven. Si el padre vocifera contra la madre, o contra ellos, serán proclives a intimidar a los más pequeños. Si la madre es una regañona, lo más probable es que el niño también lo sea.

Los padres deben abstenerse con especial cuidado de hacer comparaciones entre los niños: *"Tu hermano, George, nunca le tira la cola al gato." "¿Por qué no te quedas quieto y lees en silencio como tu hermana Sue?"* Los padres inteligentes no hacen comparaciones odiosas de este tipo.

ADOPCION

¿Debemos decirle a nuestro chico que somos sus padres adoptivos?

Sí, naturalmente. Si él sabe que lo han querido desde su infancia, tienen poco que temer. La mayoría de los niños adoptados son niños que sus verdaderas madres no deseaban tener. Todo psicólogo conoce las tristes consecuencias que se producen cuando un niño no recibe amor. En el curso de una larga carrera, he comprobado que los niños a los que no podía prestarles mucha ayuda eran aquellos que nunca habían sido amados durante su infancia. Estas pobres criaturas pasan por la vida con desconfianza, con un sentimiento de inferioridad, con temor al contacto emocional. La libertad puede aliviar este estado de privación emocional, pero no puede curar totalmente la lesión. El niño adoptado, que además presenta problemas, no protesta en realidad contra sus padres adoptivos sino que se remonta más lejos. *Siente* (no piensa): *"Mi madre no me quiso nunca. Me abandonó y yo la odiaré eternamente."*

Algunos de mis alumnos que habían sido adoptados

trataron de reunirse con sus madres verdaderas para retomar la relación, pero la experiencia nunca fue afortunada. La madre con la que se encontraban era una desconocida, no la madre cálida, tierna, de sus sueños infantiles. La adopción me pone un poco nervioso.

Al niño adoptado se le debe decir la verdad, cualquiera que haya sido la edad que tenía cuando lo adoptaron. Si se le dice a una niña de 6 años que es adoptada, y si sus padres son buenos y cariñosos, es probable que olvide el hecho... siempre, repito, que los padres sean buenos y cariñoso. Si se le ocultara el dato, el impacto del descubrimiento posterior podría acarrear consecuencias graves. Algunos padres adoptivos piensan: *"Adoptamos a la criatura cuando tenía seis semanas. Jamás podrá enterarse. No tenemos por qué decírselo."* Semejante camino puede ser peligroso, porque los niños tienen medios y recursos para desenterrar los secretos. Conocí el caso de un muchacho que descubrió la verdad cuando tenía 16 años. Sus padres adoptivos me contaron que después de recibir el "shock" adoptó una actitud fría y reservada en su relación con ellos. Lo más seguro es decir la verdad.

Soy partidario del aborto legal precisamente porque el futuro de los niños rechazados me inspira miedo. El aborto es mucho menos perjudicial para la sociedad que un niño lleno de odio. Es escandaloso que nuestras leyes contra el aborto hayan sido dictadas por hombres. Debería realizarse un plebiscito entre las mujeres, tanto casadas como solteras, para determinar si el aborto debe continuar siendo un delito punible. Pero ¡ay!, las mujeres han sido igualmente condicionadas. Temo que la mayoría de ellas también se pronuncie contra el aborto.

Cuando los padres que tienen hijos propios adoptan

otro, puede existir un peligro adicional. Dados los celos agudos que imperan en la familia común. ¿qué sucede cuando se introduce un niño de 5 años en un grupo íntimo formado por otros niños de 7 y 10 años? ¿Cuáles podrán ser las emociones encontradas de los hijos obligados a compartir con un intruso el cariño y la atención parentales?

Una situación análoga se plantea en la escuela con pensionado cuando llega un maestro acompañado por su propio hijo. En más de una oportunidad debía pedirle a un maestro casado que dejara la escuela porque su propia criatura se estaba convirtiendo en un problema. *"Yo tenía a mamá y papá para mí solo. Ahora dedican todo su tiempo a otros 50 chicos."*

He aquí lo que les aconsejo a los maestros y celadores: nunca lleven a sus hijos a la escuela en la que enseñan. Yo fui alumno de la escuela de aldea de mi padre y me azotaron más violentamente que a los otros niños, en parte porque mi padre no quería dar muestras de favoritismo, y en parte porque lo encolerizaba que su hijo no fuera un modelo de conducta y aplicación al estudio.

El niño tiene un don extraño. Casi parece tener un sentido especial. El hijo ilegítimo no sabe que es bastardo, pero *intuye* que hay en él algo de misterioso. Asimismo, los padres que procuran ocultarles a sus hijos que ya no se aman se quedan atónitos al descubrir que los niños ven más allá de la fachada, no obstante los esfuerzos que ellos realizan para disimular la situación llamándose el uno al otro *"querido"* y *"tesoro"*. En verdad es muy poco lo que se puede ocultar a los niños. En dos casos conocí a chicas adolescentes que habían nacido un mes antes del matrimonio de sus padres. Estos les mintieron acerca de sus fechas de nacimiento de modo que ellas no sabían la verdad, ¿pero por qué fueron entonces al Registro Civil para consultar sus partidas de nacimiento? La explicación debe residir ya sea en un sentido especial, o en un comentario vengativo hecho por alguien que había escuchado el chisme. La moraleja consiste en que hay que vivir la verdad y decir la verdad.

ACTITUD PARENTAL

Anoche, mi esposo y yo nos disponíamos a salir. Nuestro chiquito, que tiene 6 años, se echó a llorar. No quería que nos fuéramos, dijo, porque no le gustaba la* baby-sitter. *Esta no era precisamente un sueño ni un dechado intelectual. Parecía bastante simpática pero evidentemente le faltaba imaginación. Teníamos un compromiso ineludible con otras personas y además habíamos previsto pasar una noche muy agradable. Sin embargo nos remordió la conciencia por haber dejado al nene llorando. Mi esposo y yo hemos discutido el asunto y estamos perplejos. ¿Qué nos aconseja?

Cambien la *baby-sitter,* naturalmente. Esto no resuelve la disyuntiva del momento: salir con los amigos o quedarnos en casa y consolar al nene. Mi esposa y yo coincidimos en que habríamos cancelado el compromiso y nos habríamos quedado con el chico, pero admito que las circunstancias especiales podrían haber determinado que fuera difícil adoptar semejante decisión. Sin embargo, en su papel de padres, seguramente ustedes no pudieron sacar verdadero provecho a la velada cuando sabían que su pequeño se estaba desgañitando.

Es claro que algunos niños coaccionan a sus padres berreando cuando las cosas no marchan como ellos quieren. Por otra parte, es posible que este chico piense que lo dejan en casa con demasiada frecuencia. La *baby-sitter* puede ser para él un símbolo de abandono, y el incidente de la noche particular acerca de la que usted me escribe pudo haber marcado la culminación de un proceso que fermentaba desde hacía bastante tiempo.

En el mejor de los casos, la *baby-sitter* es un agente al que se le paga para que los padres puedan hacer su propia vida fuera del hogar, y jamás puede ser un sustituto eficaz de la madre. Los padres de los niños pequeños deben sacrificar muchas cosas: su sueño, su vida social, sus artefactos. Cada pareja debe decidir por sí misma hasta dónde llegará este sacrificio.

MIEDO

Mi hijo es un niño temeroso. Titubea en probar cualquier cosa nueva. Si no lo alentamos, o a veces incluso si no lo obligamos a progar algo, ya se trate del patinaje sobre hielo, de nuevos alimentos, o simplemente de quedarse tranquilamente en casa con una* baby-sitter, *¿cómo podrá superar sus temores y aprender a confiar en sí mismo?

¿Por qué el patinaje sobre hielo o los nuevos alimentos? ¿Por qué *debe* elegirlos? En mi escuela he tenido chicos que durante 12 años nunca patearon una pelota ni jugaron al tenis.

El hecho de que el chico tema quedarse en casa con una nueva *baby-sitter* sugiere que depende demasiado de sus padres. Probablemente detrás de su temor se oculte la angustia inconsciente de que no vuelvan. El panorama que usted describe sugiere que quiere condicionar a su hijo, decirle cómo debe vivir, qué debe hacer, qué debe comer. No se debe obligar a ningún niño a comer lo que no quiere. No se debe obligar a ningún niño a ir a patinar sobre hielo a menos que quiera hacerlo.

No puedo decir nada acerca de sus temores. Les sugeriría que consulten a un buen psicólogo. Podrían haber sucedido muchas cosas. Quizás usted no quiso darlo a luz; quizá su padre sea partidario de la disciplina estricta;

quizás esté eclipsado por un hermano o hermana extravertido. La atmósfera general que reina en la casa puede explicar mucho de lo que sucede bajo la superficie.

Hace dos años llegó a "Summerhill" un nuevo alumno, un niño que era tan tímido y que estaba tan asustado de todos que hablaba literalmente con un susurro. Anoche abrí la puerta de mi oficina y le grité a ese chico: "¡Tom, termina de hacer barullo!" No puedo conversar con mi visitante." El cambio de ambiente hizo desaparecer el miedo de su ánimo.

Janet tiene 12 años y le teme al agua, incluso en un estanque poco profundo. Pienso que debería aprender a nadar. Puesto que la persuasión no da resultado, ¿puedo hacer algo para remediar este problema?

Sí, si dispone de medios económicos, recurra a un terapeuta para que este trate de indagar dónde está el origen de su fobia al agua. Ni se le ocurra tratar de inducirla a nadar. Eso no haría más que empeorar la fobia.

El origen puede ser obvio. Entrando en el terreno personal, le diré que mi abuelo murió ahogado. Cuando éramos pequeños, mi abuela se ubicaba en la playa y nos gritaba: "No se internen más, o se ahogarán." Todos nosotros adquirimos un complejo en relación con el peligro de morir ahogados y necesité muchas sesiones de terapia para superar el miedo al agua. Si me hubieran arrojado por la fuerza a una pileta para que me hundiera o nadara, muy probablemente me habría convertido en un neurótico más incurable de lo que soy.

En mi escuela he tenido alumnos que le temían al agua. Casi todos superaron gradualmente el miedo y se convirtieron en buenos nadadores.

De modo que nada de sugerencias, nada de coacciones, y sobre todo nada de acusaciones de cobardía.

¿Por qué algunos niños son apocados y temeroos, aparentemente casi desde el momento en que nacen?

Lo ignoro. Puesto que el estudio de la psicología apenas está en las primeras etapas de su desarrollo, sencillamente no sabemos mucho acerca de la personalidad humana. En la misma familia hay un hijo extravertido y otro introvertido. ¿Por qué? Es poco o nada lo que sabemos acerca de las influencias prenatales.

Quizá la timidez del niño tenga su origen en una etapa de ansiedad que experimentó la madre mientras lo llevaba en su seno. Incluso si se probara la veracidad de esta hipótesis, ¿cómo podríamos evitar el nacimiento de un niño tímido? ¿Quién sabe si los ruidos fuertes afectan al feto? ¿Quién sabe si los temores del niño provienen del hecho de que su madre no quería tenerlo? No tengo respuesta para su pregunta.

TARTAMUDEO

Mi hijo tartamudea. Ni mi esposo ni yo entendemos por qué. ¿Lo entiende usted?

No. Sólo puedo conjeturar que está tratando de ocultar su personalidad, porque nunca tuve un alumno tartamudo que tartamudeara mientras actuaba en una pieza teatral en la que asumía otra personalidad.

No sè cómo se cura el tartamudeo, pero supongo que un foniatra podrá ayudarlos.

PSICOTERAPIA

¿Los niños deben ser sometidos a psicoterapia?

Este es un problema respecto del cual los especialistas discrepan radicalmente. He aquí mis propias opiniones, suponiendo que estas tengan algún valor.

Durante muchos años hice analizar a los niños. Más tarde empecé a dudar de que este tratamiento fuera necesario. El adulto que se siente neurótico recurre *voluntariamente* a la terapia. Los niños jamás lo hacen. Esto no significa que los niños tratados no hayan sacado algún provecho del análisis: lo sacaron. A todos les gusta tener a alguien con quien puedan hablar de sí mismos.

Escuchar a un niño perturbado es un acto de amor. Tal vez por esto la psicoterapia da resultados en muchos casos. Antes me preguntaba cómo era posible que todos los pacientes mejoraran, ya fuera que los tratase un freudiano, un jungiano o un adleriano. ¿La explicación residía en que cada uno experimentaba la sensación de que el terapeuta le daba el amor que había buscado.

Dudo que la exhumación de los recuerdos infantiles sea tan importante como pretenden los analistas. Sin duda no basta con hacer consciente la causa de un complejo para curarlo. Es claro que si la exhumación del recuerdo infantil genera la misma reacción emocional que se registró en el trauma originario, la revelación puede producir la cura. Pero demasiado a menudo la explicación sólo modifica el síntoma. Es posible que el paciente sufra jaquecas porque su padre le pegaba siempre en la cabeza. Cuando el paciente toma conciencia del origen de la jaqueca puede suceder que los dolores se trasladen al lumbago.

En el campo privado hay miles de psicoterapeutas que tratan, casi siempre, a personas que disponen de tiempo y dinero. Si cada terapeuta del mundo no hiciera nada más que impartir a los padres conocimientos sobre psicología infantil, explicándoles primordialmente lo que *no* deben hacer con sus niños, casi no se necesitaría la terapia para adultos. ¿Cuántos psicoanalistas han dicho: "No basta remendar adultos. Consagraré mi vida a la profilaxis y empezaré por las madres y los niños."?

Volviendo a la pregunta: Actualmente deposito mi confianza en la libertad. La libertad da buen resultado en casi todos los casos, aunque no es totalmente terapéutica para los niños que estuvieron huérfanos de amor en su primera infancia.

Pero no me pida que le explique con exactitud cómo cura la libertad, porque sinceramente lo ignoro. En "Summerhill" tuvimos una chica de 14 años que había intentado suicidarse en más de una oportunidad. Llegó a nosotros con expresión dura, voz agria, aspecto desconfiado. En nuestras asambleas de autogobierno siempre votaba por la absolución de los trasgresores sociales. Después de pasar dos años en "Summerhill", marchaba con el cuerpo relajada y una expresión dichosa. No sé exactamente por qué. Sólo puedo sugerir que cuando una criatura se encuentra en un ámbito favorable donde nadie le dice cómo debe comportarse y cómo debe vivir, el lado bueno aflora automáticamente. Podría citar muchos casos con resultados análogos.

La libertad no se apuntala con palabras sino con hechos. La mejor forma de curar a un niño que desea romper ventanas consiste en reírse y ayudarlo a demoler los vidrios. No es muy fácil de aceptar si lo padres del chico son pobres. Yo he tenido que soportar en silencio que un adolescente estropeara mi torno de precisión, porque si hubiera intervenido él me habría identificado con su padre, un militar que nunca lo dejaba entrar en el taller.

La mejor terapia consiste en tomar el partido del niño. Confieso que no conozco las clínicas infantiles que obtienen excelentes resultados con la terapia del juego, pero no le encuentro fundamento a la teoría de Melanie Klein en virtud de la cual todos los niños deberían analizarse a los 4 años.

Un niño criado en una atmósfera de libertad no necesita del análisis.

Soy una joven maestra de una escuela primaria de Kansas. Actualmente me estoy analizando. ¿Le prestaría una ayuda psicológica a los niños de mi curso si les dijera lo que simbolizan sus cuentos e ilustraciones?

Mi respuesta es un No rotundo. Conozco por experiencia propia la tentación que sienten los jovenes maestros de poner a prueba lo poco que saben.

Hace 50 años leí un libro sobre hipnotismo y decidí hacer un ensayo. Hipnoticé a una joven. Mientras dormía, le dije: "Dentro de dos minutos despertará y me preguntará cuánto pagué por mis botines."

A los 2 minutos se despertó un poco turbada. "Disculpe —dijo—, debo haberme dormido."

Después se quedo un rato callada. "¡Oh, Dios! —exclamó de pronto—. Cuando fui esta mañana a la ciudad me olvidé de comprar aspirina para mamá, y además estuve en Boots." Boots* es una gran farmacia de Londres.

* "*Boots*" significa "botas" y "botines". *(N. del T.)*

A continuación sus ojos bajaron hasta mis pies y quedaron fijos en miz zapatos. "A veces me he preguntado dónde compró esos botines de puntera ancha —dijo—. ¿Cuánto pago por ellos?"

El éxito me entusiasmó.

Cuando volví a dormirla le dije: "Multiplique 3.576.856 por 568." Se despertó con una expresión horrible. "Tengo un dolor de cabeza infernal", comentó. Después de entonces no volví a experimentar con la hipnosis.

Una niña de la clase pinta un paisaje: dos árboles altos a ambos costados. Uno es un pino, un símbolo paterno, y el otro un castaño de ancha copa, un símbolo materno. En el centro se yergue desolado un arbolito achaparrado: la niña. La figura simboliza la situación de la criatura: padres que han dejado de quererse, padres desdichados que no pueden darle suficiente amor. ¿Pero de qué serviría explicárselo a la chica? Eso no la ayudará. Lo que es peor, incluso es posible que mate su interés por el arte.

No quiero decir que si un analista le explicara a Picasso el simbolismo de sus cuadros, Picasso renunciaría al arte, porque lo lleva en la médula. Pero esto no se aplica a todos los individuos.

Hace 50 años tuve un condiscípulo que era un excelente boxeador. Cuando iba a boxear por la noche yo siempre debía acompañarlo porque él tenía miedo de transitar por las calles de Londres a una hora avanzada. Fue a hacerse psicoanalizar. Como boxeador, tenía un grave defecto que él conocía bien: siempre dejaba caer las manos. Le mencioné el hábito a su médico. El analista le explicó que inconscientemente trataba de proteger sus órganos genitales, o sea el bueno y viejo complejo de castración. Ese muchacho jamás volvió a boxear.

Una de mis alumnas escribio un cuento acerca de su padre, una bruja maligna (su madre) y una joven y bella princesa (ella misma). El padre se casaba con la princesa... una trama edípica como no hay otra. ¿Quién se habría atrevido a interpretar el cuento delante de la criatura? Habría sido bochornoso.

Continúa en pie la vieja falacia en virtud de la cual cuando el individuo toma conciencia de un complejo mediante la explicación de sus orígenes, este se cura. *¡No es así!* Soy enemigo de revelar a los niños el simbolismo de todo lo que hacen o dicen. La interpretación de los símbolos es siempre arbitraria. ¿La víbora es un símbolo peniano?... ¿El toro símboliza al padre? ¿La corbata es un símbolo fálico? ¿Quién puede afirmarlo con certeza? Carl Jung señaló que la lámpara de Aladino era fálica, porque a un hombre le bastaba frotarla para obtener todos los placeres del mundo.

Me sometí a un breve análisis con Wilhelm Stekel, una de las grandes autoridades en materia de símbolos. Su análisis de los sueños era fascinante, ¿pero en qué medida ayudaba a los pacientes?

Stekel acostumbraba contarme la historia de una fiesta a la que asistió en el estudio de un artista. La conversación se orientó hacia el simbolismo. Stekel dio su opinión pero su anfitrión se negó a darle crédito.

—Pamplinas, Stekel, no le creo ni una palabra. —El artista señaló un cuadro que colgaba de la pared—. ¿Me dirá que esa naturaleza muerta que pinté tiene un simbolismo?

—Sí, lo tiene —respondió Stekel, calándose las gafas.

—¿Qué clase de simbolismo?

—Ah —contestó Stekel—, no podría decirlo en público.

—¡Qué tonteria! —exclamó el artista—. Aquí somos todos amigos. Desembuche.

—Muy bien. Cuando usted pintó el cuadro acababa de seducir a una sirvienta. Ella quedó embarazada y usted buscaba un abortero.

El artista se puso pálido.

—¡Santo cielo! —musitó. El gran simbolista había descubierto la verdad.

Le pregunté a Stekel cómo había llegado a esa conclusión.

—El cuadro mostraba una mesa de comedor. Se había derramado una botella de oporto: la sangre, el aborto. Una salchicha servida sobre un plato era exactamente igual a un feto.

No recuerdo cómo identificó a la sirvienta.

Interpretar un simbolismo es como resolver un problema de palabras cruzadas: un juego agradable. Estoy seguro de que pocas veces semejantes interpretaciones han ayudado al paciente. Me dicen que ahora muchos analistas ya no interpretan los sueños, sueños estos que Sigmund Freud llamaba el camino real para llegar al inconsciente.

Sea como fuere, el maestro nunca debe ocuparse de los símbolos. En primer lugar carece de capacitación profesional para hacerlo. Si el maestro quiere recurrir a la psicología debe hacerlo con actos y no con palabras. Ayudará más al niño si lo abraza que si interpreta sus sueños.

Esto no significa que los maestros no deban estudiar psicología. Son demasiado pocos los que lo hacen. Los maestros parecen rehuir todo lo que guarda relación con las emociones, y la psicología es primordialmente el estudio de las emociones.

¿La actividad creativa es un medio idóneo para tratar a un joven neurótico? Me refiero a la música, la pintura, y sobre todo la danza.

Hace más de 40 años, cuando era maestro de una escuela de Dresden, en Alemania, teníamos una sección consagrada sólo a la euritmia y la danza, para niñas de 16 o más años. A menudo celebrábamos una velada de solos de baile. Pero descubrí que muchas de las chicas elegían una *Totentanz* (Danza de la Muerte) y empecé a preguntarme por qué tantas jóvenes que expresaban sus emociones durante todo el día mediante el movimiento optaban por una danza de ese tipo. Esa experiencia mató mi convicción anterior de que el movimiento era curativo.

No, no creo que la danza, la pintura o la música sean terapéuticas por sí solas. Me pregunto cuántas de las chicas que integran un coro o estudian en una academia de pintura o de música se sienten verdaderamente distendidas. Debemos recordar que en la mayoría de las escuelas de música, pintura o danza no impera una auténtica libertad. En ella las jóvenes están sometidas a una disciplina estricta. Me imagino que los maravillosos bailarines rusos deben entrenarse como soldados. Quizá los menos disciplinados sean los plásticos, que se mueven muy poco frente a sus caballetes.

Colocados en condiciones que les permitan vivir libremente, todos los niños sacan provecho del movimiento y el ritmo. Durante años he visto a niños que aprendían a bailar, pero no tomando lecciones de "fox-trot", tango o "twist", sino mediante la libre expresión, inventando sobre la marcha. La mayoría de mis alumnos baila en la misma forma en que lo hace la mayoría de los negros: con el cuerpo relajado, con inventiva y con ritmo. De modo que cultivemos toda la danza, el arte y la música que podamos dar a los niños, pero sin entrenamiento ni disciplina ni formalidad.

¿Qué decir del teatro? ¿Hasta qué punto la representación dramática contribuye a la liberación? Pues bien, sus resultados pueden ser sorprendentes. En mi escuela he tenido muchos tartamudos... sin embargo cada vez que un tartamudo actuaba en una pieza teatral pronunciaba bien y hablaba con fluidez. Supongo que ello se debía a que al asumir otra personalidad el tartamudo se convertía en un niño normal.

Esto sugiere que el actor es un hombre que huye de su verdadera personalidad. ¿Y por qué no? ¿Acaso no huimos todos al abstraernos en una representación teatral, o al leer una novela, o al identificarnos con una película, o al emborracharnos?

Tendemos a pensar en forma fragmentaria. Apoyamos una ley en favor de la pena de muerte y al domingo siguiente comulgamos. Todos somos culpables de este tipo de conducta escindida, todos tenemos nuestros complejos. Me encantó leer en un libro de Eric Fromm que cuando Freud debía tomar un tren iba a la estación con una hora de adelanto.

No soy un devoto de la representación de piezas escolares: historietas moralizadoras, sentimentales, que muestran ángeles con alas o hadas madrinas. Soy enemigo de que los niños representen a Shakespeare. No lo entienden, y todo queda en una actitud pretensiosa.

En "Summerhill" los muchachos y las chicas escriben sus propias obras de teatro, confeccionan el vestuario, construyen los decorados y producen las piezas. Pero las representaciones más emocionantes son las de tipo espontáneo, que corresponden a los domingos por la noche. Estas son piezas que se pueden montar en cualquier escuela. Yo empiezo con situaciones simples. Sugiero algo así como: *Recoger flores; Empujar una carretilla pesada; Ser un ciego que cruza la calle.* Después sigo hablando: *Pregúntele el camino a un policía; Telefonéele al médico y comuníquese por equivocación con el carnicero.* Un chico desempeñó este último papel desarrollando una conversación ambigua en torno del hígado.

Quizá para los niños valgan tanto la juerga y el ingenio como la actuación en sí. Uno de los resultados de este tipo de representación teatral consiste en que se elimina totalmente la nerviosidad: no hay un libreto que el niño pueda olvidar. Unos pocos maestros de escuelas privadas me han dicho que les resulta difícil lograr que sus alumnos pierdan la afectación y venzan su temor al fracaso.

Sí, la representación teatral espontánea es muy divertida, y sospecho que el simple entretenimiento produce más distensión y desahogo que cualquier curso formal de danza.

INTROVERSION

Frankie tiene 11 años. Lee constantemente. Se queda en casa y está pálido. No sale a jugar con los otros chicos. Mi esposo aplaude sus propensiones intelectuales pero a mí me parece que mi hijo se está convirtiendo en un ermitaño. ¿Qué puedo hacer respecto de mi marido y el niño?

Frankie parece estar entre dos fuegos. ¿Hacia qué bando se inclina? Aparentemente hacia el del padre. No sé si su esposo alimenta grandes proyectos para el chico, si piensa que la falta de educación ejerció una influencia negativa sobre su vida y por consiguiente está decidido a evitarle ese problema a su hijo. Lo único que sé es que quien le ordena a un niño introvertido que sea extravertido, salga de su casa y vaya a jugar, comete un grave error. Si el padre lo alienta a leer en lugar de hacer, no veo ninguna solución.

Hace algunos años, el hijo de un profesor se inscribió en "Summerhill". Su madre me escribió diciéndome que estaba alarmada porque el chico pasaba el día y la noche leyendo a Platón y Plutarco. Pasó unos pocos años con nosotros en "Summerhill", y sólo lo vi leer historietas. Ahora es un buen científico.

Le aconsejo que no intervenga. Es posible que no obstante la supervisión paterna, su hijo Frankie sea un día campeón de golf.

UNA ULTIMA PALABRA

Estoy cursando el último año de la facultad. Deseo fundar una escuela inspirada en el modelo de "Summerhill". ¿Qué me aconseja?

Sólo puedo repetirle el consejo que un humorista daba a quienes planeaban casarse: *¡no lo haga!* A menos que esté dispuesto a chocar con un cúmulo de dificultades, y a menos que tenga el coraje necesario para abordarlas y vencerlas, no funde una escuela.

Algunas personas organizan escuelas inspiradas en la nuestra y toman como punto de partida el estado actual de "Summerhill", olvidando que nosotros tenemos a nuestras espaldas 45 años de experiencias positivas e infortunadas. Debimos descubrir lentamente lo que se podía hacer y lo que no se podía hacer. Toda nueva escuela asentada sobre principios de libertad debe partir de la premisa de que muy probablemente sus primeros alumnos serán niños con problemas que ni el hogar ni la escuela pudieron controlar. Aún hoy, en un período en que "Summerhill" no se ofrece para niños con problemas, una proporción exagerada de nuevos alumnos entren en esta categoría. Generalmente los padres no nos cuentan la historia completa, sin duda porque temen que no aceptemos a sus hijos. *"Mi chico no tiene problemas, sencillamente no le gusta la escuela."* A los dos semanas descubrimos que Willie roba y es un bravucón. Claro que no nos gusta devolverlo cuando ya está inscrito, de modo que debemos soportar a Willie hasta que se humaniza.

Se encontrará con padres que creen en la libertad... pero sólo en el plano intelectual. Inconscientemente trabajarán contra la influencia de la escuela. Deberá tratar con padres que se pondrán celosos cuando descubran que el niño es más dichoso en la escuela que en su hogar.

En algunos estados, probablemente tropezará con la oposición de los fanáticos religiosos, los puritanos del sexo y los enemigos del cuerpo. Quizás en otras localidades un funcionario empeñado en impedir la fundación de una escuela radical utilizará como excusa el hecho de que el edificio no reúne las condiciones necesarias.

Necesitará dinero. Cuando trasladé la escuela a mi país desde Austria, en 1924, sólo tenía 5 alumnos. Tres de ellos pagaban media tarifa y los otros 2 no pagaban nada. Como nos instalamos en un centro turístico, sobre el mar, nos ingeniábamos para reunir fondos convirtiendo la escuela en pensión durante las vacaciones de verano. Sin embargo, recuerdo la época en que escudriñaba un escaparate y me preguntaba si mi presupuesto me permitiría comprar una pala.

Cobre por adelantado, porque de lo contrario tendrá la desgracia de perder mucho dinero en forma de deudas incobrables. Sin embargo, ¡ay!, usted será tan tonto como yo lo he sido siempre, y retendrá a los hijos de los morosos sólo porque se encariñará con los niños.

Sobre todo, no transija respecto de los principios esenciales, porque si lo hiciera su escuela estaría condenada al fracaso. La libertad es TODO o NADA. Es imposible hacer convivir la libertad con la tutela, de modo que nunca bautice a sus colaboradores con el título de "consejeros".

Un libro que se ha publicado recientemente, *Crime, Punishement, and Cure,* de Sington y Playfair, consiste en una reseña del delito y sus causas. Es una obra brillante, imparcial y progresista, cuya lectura despierta dudas acerca de los valores que intervienen en la educación.

Nunca recomiendo libros de psicología experimental, una materia que parece ocupar un lugar destacado en la enseñanza universitaria, porque no entiendo qué relación guarda con la conducta infantil lo que las ratas hacen en determinadas circunstancias. Admito que si se condiciona a las ratas estas se comportarán en forma anormal. Pero ya sabemos que cuando se condiciona a los niños estos dejan de ser niños normales. Preferiría reemplazar el estudio de las ratas por el estudio de los elementos nocivos que intervienen en la educación infantil.

Por mi parte, cuando elijo a un maestro nunca me dejo impresionar por sus títulos, porque estos no me convencen de que el candidato haya adquirido automáticamente los conocimientos necesarios acerca de la naturaleza infantil. Yo preferiría con creces que el futuro maestro lea *Talks to Parents and Teachers,* de Homer Lane, y *Throw Away the Rod,* de David Wills, en lugar de seguir un curso de psicología infantil.

A mi juicio, muchos libros de educación y psicología tienen un estilo muy solemne y son terriblemente latosos. ¿Por qué la mayoría de los eruditos se resiste a escribir con sencillez? En la misma ocasión en que el ciudadano inculto escribía una carta a su diario local para quejarse de que un concierto gatuno interpretado sobre la tapia del fondo ha perturbado su sueño, un maestro pedante escribiría para protestar contra la concatenación de sonidos discordantes emitidos por los felinos errabundos de la noche.

También tenga la precaución de llenar, usted mismo, los requisitos oficiales. Usted debe conocer las materias y el sistema de enseñanza. No basta con ser bondadoso en el aula: debe ser competente. Además, si quiere tratar con niños, debe estar pertrechado contra las fuerzas rectoras. Yo odiaba el anglosajón pero sabía que si no lo estudiaba no podría obtener mi título de *Master of Arts* con honores, un título que jamás uso pero que me protege. Ninguna autoridad puede entrometerse y decir: "Usted carece de idoneidad para ser maestro." Allí están los exámenes. Si usted es valiente los rendirá sin chistar.

Guárdese sus opiniones. He conocido a jóvenes obreros comunistas que proclamaban sus ideas políticas desde los techos. Los echaban de la fábrica... no por sus ideas, claro que no, sino porque la firma debía reducir el exceso de personal. Si usted hace correr la voz de que es ateo, o reformista sexual, está en peligro. Empiece por afincarse, y después podrá decir lo que quiera.

Seguramente usted sabe que unos pocos hombres, hombres que no son más sabios que nosotros, tienen la facultad de apretar el botón que dispara la bomba H. Sin embargo todos nosotros, habituados al control de la etapa infantil, nos quedamos callados y no tratamos de modificar esa horrrible situación. El condicionamiento también determina que la mayoría de nosotros se abstenga de vociferar su indignación contra la barbarie del código penal, contra el estúpido aprendizaje que denominamos educación, contra el hecho de que se inviertan millones en armamentos cuando la mayor parte de la población mundial está subalimentada. Como he dicho seguramente usted sabe en qué clase de mundo vivimos, pero si va a fundar una escuela radical tendrá bastantes problemas entre manos, de modo que no proclame su iconoclasia indiscriminada. No le pido que sea hipócrita, sino que esté alerta a este mundo regido por el *Establishment*.

Estudie psicología infantil pero no haga caso de autoridades. Si es un tipo serio y solemne no funde una escuela. En una oportunidad le dije a una chica de 14 años que estaba fabricando un cajón: "Usas demasiados clavos." Me miró irritada e inmediatamente comprendí que la había perdido, porque durante toda su vida la gente le había dicho lo que no debía hacer. A partir de entonces fui para ella una figura de autoridad. La mejor forma de aprender psicología infantil consiste en recurrir a la experiencia... no en leer libros.

Otra advertencia: Todos los jóvenes que trabajan con chicas deben cuidarse de las adolescentes neuróticas, proclives a la proyección. Si le palmea la cabeza a una chica con trastornos sexuales ella podrá concebir la fantasía de que usted intentó seducirla. En la época en que trabajaba casi exclusivamente con niños difíciles, cuando veía indicios de que una adolescente podía proyectar sobre mí sus complejos sexuales siempre consultaba con el psiquiatra que me la había enviado.

Si planea fundar una escuela, le conviene casarse antes. El maestro que no tiene vida sexual siempre corre el peligro de cultivar una fijación inconsciente con una linda alumna de 15 años. Este aserto se aplica a los maestros de ambos sexos.

Sobre todo, entienda que los niños son iguales en todo el mundo. Todos ellos buscan la dicha, la libertad, el cariño. Todos quieren jugar y jugar y jugar. Y sin embargo todos están ávidos por aprender aquello que les interesa.

Y no elabore demasiados esquemas. Prepárese para introducir cambios a medida que aparezcan nuevos elementos de prueba. La organización esclerosada implica la muerte de la iniciativa pionera.

Lo que me recuerda la historia del diablillo joven que corrió muy agitado en busca de su amo.

—¡Señor! ¡Señor! Ha sucedido algo espantoso. ¡En la tierra han descubierto la verdad!

—No te preocupes, muchacho —sonrió el demonio—. Enviaré a alguien para que la organice.